나는 어떤 인생을 살고 싶은가

JINSEI NO KEIEISENRYAKU
by Shu Yamaguchi

Copyright © 2025 Shu Yamaguchi
Korean translation copyright ©2025 by Wisdom House, Inc.
All rights reserved.
Original Japanese language edition published by Diamond, Inc.
Korean translation rights arranged with Diamond, Inc.
through The English Agency (Japan) Ltd., and Danny Hong Agency

이 책의 한국어판 저작권은 대니홍에이전시를 통해 저작권사와 독점계약한
(주)위즈덤하우스에 있습니다. 저작권법에 의하여 한국 내에서 보호를 받는 저작물이므로
무단 전재와 복제를 금합니다.

나는 어떤 인생을 살고 싶은가

**성취 중독에서
지속 가능한 행복으로 가는
인생 경영 전략 20**

야마구치 슈 지음
박세미 옮김

LIFE MANAGEMENT STRATEGY

위즈덤하우스

한국의 독자 여러분께

제 책《나는 어떤 인생을 살고 싶은가》의 한국어판이 출간되어 한국의 독자 여러분께 전해드릴 수 있게 된 것을 진심으로 기쁘게 생각합니다. 지금까지《철학은 어떻게 삶의 무기가 되는가》,《일을 잘한다는 것》 등 여러 저서를 계기로 많은 한국 독자들께서 깊이 있는 의견과 따뜻한 성원을 보내주셨습니다. 모국이 아닌 곳에서 제 생각이 많은 분들의 공감을 얻고 있다는 사실은 저자로서 더없이 큰 기쁨입니다. 다시 한 번 진심으로 감사드립니다.

경영 전략론은 약 100년 전 태어난 이래, 기업과 국가의 발전을 지탱하는 지식 체계로써 오랜 시간 방대한 사회적 비용을 들여 정교하게 다듬어진 학문입니다. 그러나 그 배움의

장이 항상 모두에게 열려 있던 것은 아닙니다. 오히려 많은 경우 경영 전략론은 사회적 강자가 자신의 지위를 유지하기 위한 수단으로 활용되어 왔습니다. 그렇기에 저는 이러한 이론을 일부 경영자만의 전유물이 아니라, 누구나 자신의 인생을 스스로 경영하기 위한 무기로 삼을 수 있도록 하고 싶었습니다. 이 책이 한국어로 번역되어 더욱 많은 독자에게 닿는다면, 제 소원이 국경을 넘어 실현되는 셈이므로 무척 감회가 남다릅니다.

제가 종종 말하는 '자본주의의 해킹'이란, 자본주의 시스템을 파괴하는 것이 아니라 이를 탈구축해서, 보다 인간적이고 풍요로운 사회를 만들려는 시도입니다. 경영 전략이라는 강자의 이론을 개인의 자유나 행복을 위해 새롭게 사용하는 것 또한 실천의 한 형태라고 생각합니다.

여러분도 느끼시겠지만 우리는 지금 세계사 속 크나큰 전환점에 서 있습니다. 인공지능이 인간의 노동을 대체하고, 외교 질서는 혼돈에 빠졌으며, 미국은 세계 패권국의 위치에서 물러나고 있습니다. 그야말로 프랑스의 사회학자인 에밀 뒤르켐이 지적한 대로 '아노미, 곧 규범이 해체된 시대'라고 할 수 있습니다.

이러한 시대를 살아가는 우리에게 지금 필요한 것은 무

엇보다 '자기결정'입니다. 스스로 느끼고, 생각하고, 행동함으로써 자신의 인생을 개척해야 합니다. 이 책을 통해 한국의 독자 여러분이 자신의 인생을 더욱 주체적으로 설계하고, 삶의 본질을 실현하는 데 자그마한 실마리가 된다면 그보다 더 기쁜 일은 없을 것입니다.

끝으로 앞으로 한국과 일본이 서로를 깊이 이해하고 함께 새로운 가치를 만들어 가는 관계를 쌓아가기를 진심으로 바랍니다.

2025년 11월
야마구치 슈

"가장 고통스러우면서도 재미있는 프로젝트는
인생이었다."

들어가며

마음먹은 대로 되지 않는 인생이지만
어떻게든 노력해 본다

이 책의 목적은 '개인의 인생'이라는 프로젝트에 경영 전략론을 비롯한 다양한 경영학 지식을 활용할 수 있도록 안내하는 데 있다.

나는 대학에서 철학과 미술사를 전공한 후 일본의 광고 대행사인 덴쓰(Dentsu)에 입사해서 광고 기획 업무를 맡았다. 이후 외국계 컨설팅 회사로 이직하여 약 20년에 걸쳐 클라이언트 기업의 경영 전략을 수립하고 기업 개혁을 지원했으며, 조직 개발, 경영 인재 육성 등 다양한 프로젝트에 참여했다.

그 후에는 독립해서 지금은 기업, NPO, 지방자치단체 컨설팅, 스타트업 대상 경영 자문, 경영대학원 교수, 세계경제포럼 등 국제회의 연구원, 라디오 프로그램 진행자까지 그야말로 다방면에 걸쳐 일하고 있다.

그간 내 경력은 대부분 외부에 있는 조력자의 입장에서 고객의 상황을 추상화하고 전략을 구체적으로 수립하는 활동이었다. 하지만 지금까지 살아온 인생을 되돌아보니, 내가 가장 깊이 몰입하고 오랜 시간 고민한 프로젝트는 다름 아닌 나 자신의 '인생의 경영 전략', 즉 라이프 매니지먼트(Life Management) 전략에 대한 고찰이었다.

나는 당시로서는 드물게 MBA 없이 컨설팅 업계에 입문했는데, 여러 가지 실무 프로젝트를 통해 경영 전략론의 개념부터, 기업 변화에 대한 접근법, 재무 분석과 M&A, 인재 육성과 리더십 이론의 프레임워크 등을 익혔다. 그리고 쌓은 지식은 현장에서 적극적으로 활용했다.

그러다 몇 년이 지난 어느 날, 이렇게 체득한 지식을 내 인생에도 그대로 적용할 수 있지 않을까 하는 생각이 들었다. 그때부터 나는 인생을 하나의 큰 프로젝트로 바라보게 되었다. 마치 기업이 PDCA 사이클을 돌리듯 삶에서도 시장을 분석하고 전략을 수립하며, 결과를 검증하고 필요에 따라 수정하는 사이클을 반복했다.

그 과정에서 고객의 문제를 해결하는 데 유용했던 경영 전략론뿐만 아니라 마케팅, 재무, 기업 경영, 조직행동론 등 경영학 전반의 개념과 프레임워크야말로 개인이 인생의 경영 전략을 수립하고 실행하는 데에도 매우 유용하다는 사실을 실감했다.

　이 책을 통해 독자 여러분도 각자 인생의 경영 전략을 수립하고 실행하며 경영학의 개념과 사고방식을 직접 활용해 보길 바란다. 어떤 이들은 인생과 경영을 연결하다니 차갑고 메마른 생각이라고 비판할지도 모른다. 분명 '매니지먼트'라는 단어에는 계획이나 통제, 관리 같은 뉘앙스가 담겨 있는 만큼, 그렇게 느끼는 것도 무리는 아니다. 하지만 '경영(매니지먼트)'이라는 단어의 이면에는 인생과 깊이 연결된 부분이 있다. 매니지먼트란 원래 '마음대로 되지 않는 상황을 어떻게든 해결해 내는 행위'를 뜻하기 때문이다.

　앞서 말했듯 매니지먼트라고 하면 사람들은 대개 계획이나 관리, 통제 같은 단어를 먼저 떠올린다. 하지만 모든 일이 계획대로 흘러가고 아무런 문제없이 관리와 통제가 제대로 이루어진다면 애초에 매니지먼트라는 개념은 필요하지 않을지도 모른다.

　우리의 삶에는 늘 예상 밖의 상황이 벌어지고 난양한 장애물이 나타난다. 그렇기에 처음 세웠던 계획은 어긋나고, 뜻대로 관리와 통제를 할 수 없기 때문에 '어떻게든 해결해 내는 방법', 즉 매니징이 필요하다.

　지금으로부터 약 100년 전, 마빈 바우어(Marvin Bower, 맥킨지 앤 컴퍼니의 성장과 전문 경영자 개념 정립에 기여한 전설적인 컨설턴트-역주)는 시카고의 작은 회계 사무소에 지나지 않던 맥킨지 앤 컴퍼니를 세계적 컨설팅 회사로 탈바꿈시켰다. 그는 경영자에게 필요한 핵심 자질로 '경영하고자 하는 의지(Will to Manage)'를 꼽았다. 생각할수록 인상 깊은 말이다.

기업 경영은 결코 뜻대로 흘러가지 않는다. 예상하지 못한 일이 계속 일어나고, 사람들을 하나로 단단하게 묶기도 쉽지 않다. 바우어는 경영자란 그런 상황에서도 주변에 휩쓸리지 않고 어떻게든 해내고 말겠다는 굳은 마음으로 주체적인 의지를 지니며, 목표 달성을 향해 사람과 조직 전체를 이끌어야 한다고 말했다. '경영하고자 하는 의지'는 기업 경영뿐 아니라, 앞으로 다가올 험난한 시대를 살아가며 수많은 어려움에 직면할 우리의 인생에도 필요한 태도가 아닐까 싶다.

이 책에서는 경영학의 기본 개념과 이론을 풀어 설명하는 동시에, 이를 '인생의 경영 전략'에 어떻게 적용할 수 있는지 구체적인 사례와 함께 소개한다. 예를 들어 경쟁 전략론의 포지셔닝 이론을 통해 어떤 업계에서 일해야 하는지 파악하고, 마케팅의 생애 주기 곡선 이론으로는 인생의 타이밍을 생각해 본다. 게임이론의 절대우위 전략을 활용해 남과 다른 역발상을 선택하고, 재무 이론의 순현재가치(NPV) 관점을 기반으로 장기적으로 수익이 큰 선택을 하는 식이다.

경영학에 익숙하지 않은 사람들이 읽기에는 이러한 용어가 초반에는 어렵게 느껴질지도 모르지만, 지레 걱정하지 않아도 된다. 이 책에서는 초보자도 이해할 수 있도록 이론과 개념을 쉽게 풀어서 설명한다. 이제 막 사회에 첫발을 내디딘 이들뿐만 아니라, 취업 준비 중인 학생, 혹은 경영학과는 인연이 닿지 못한 채 커리어의 중반을 맞이한 사람이라도 충분히 이해하고 활용할 만한 내용으로 구성했다고 자부한다.

이 책을 통해 독자 여러분이 각자 인생을 더욱 나은 방향으로 이끌어갈 힌트를 얻기를 진심으로 바란다. 여러분의 삶이 더욱 풍요로워지기를 기원한다.

CONTENTS

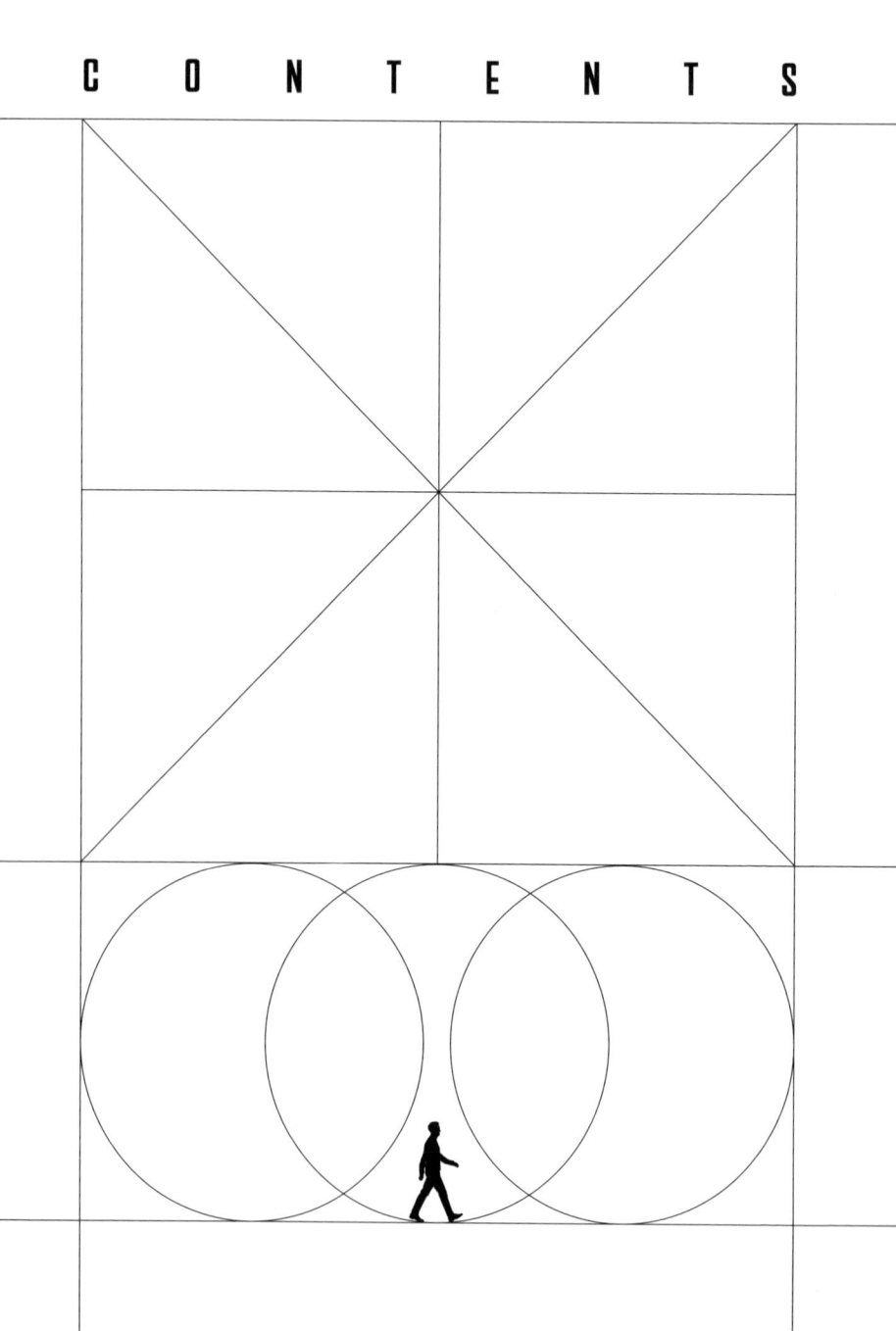

한국어판 서문	한국의 독자 여러분께	005
들어가며	마음먹은 대로 되지 않는 인생이지만 어떻게든 노력해 본다	009
0장 왜 지금, 인생에도 경영 전략이 필요한가	**문제의식① 거센 시대의 파도** 과도기 사회에 나타나는 정신적 후퇴와 자아 상실 027 어디에 자리 잡는가가 인생을 좌우하는 시대 027 고도성장을 전제로 하는 사회 구조 028 인연에만 기대기 어려운 세상 030	024
	문제의식② 준비되지 않은 개인들 '어떻게든 되겠지'라는 생각 033 사회 변화는 개인의 변화에서 시작된다 035	032
	문제의식③ 양극화하는 인생론과 직업론 둘 다 정답은 아니다 039 모순을 깨는 혁신의 길 040 뱀처럼 지혜롭고, 비둘기같이 순결하라 042	038
1장 '인생'이라는 프로젝트의 목표 설정	**01 인생의 기본 원리 파악하기 – 목적** 올바른 전략은 올바른 목표에서 시작된다 047 시간자본을 다른 자본으로 바꾸는 게임 050 사회자본은 인적 자본에 따라 늘어난다 052 사회자본이 금융자본을 만든다 053 자본의 두 가지 종류 054 돈과 출세가 전부는 아니다 055 삶의 질과 세 가지 자본의 방정식 056 시간 도둑에 삶을 빼앗기지 않으려면 059	046

2장
'되는 대로' 흘러가지 않기 위한 장기 계획 세우기

02 매우 긴 시간에 걸친 프로젝트 로직 064
– 생애 주기 곡선

인생에도 사계절이 있다 066
너무 이르거나 너무 늦은 시기는 없다 069
교훈 ① 계절마다 합리적인 행동은 달라진다 071
교훈 ② 인생의 단계별 역할과 기여 방식 072
지적 생산성의 정점은 40대? 074
인생 후반에는 또 다른 지성을 활용한다 076
교훈 ③ 장기적 합리성의 중요성 077
단기적 합리성의 함정 079
두 피아니스트의 엇갈린 삶 081

03 조짐을 읽고 남보다 빠르게 움직인다 084
– 캐즘

20%를 넘으면 판도가 바뀐다 087
캐즘 전에 시장에 진입한 기업들 088
성장 시장은 순식간에 폭발한다 090
시기상조가 아니면 이길 수 없다 090
너무 빨라도, 너무 늦어도 문제 092
사회 변화를 읽는 미분 렌즈 092
핵심 인재가 먼저 알아보는 징후 094

04 예기치 못한 사건을 기회로 바꾸는 법 097
– 적응 전략

계획하고, 실행하고, 수정하라 098
유연하게, 때론 과감하게 100
나의 적응 전략 101

3장
**더 나은 선택을
하는 법**

05 5포스 모형으로 내 자리를 찾는다 106
 - 포지셔닝 전편

방송국 연봉이 높은 진짜 이유 108
입지의 매력도를 측정하는 기준 110
방송 업계가 겪은 변화의 흐름 112
결단은 용기나 포부의 문제가 아니다 116
개인에게도 그대로 적용되는 이야기 116
인재의 가치는 수요와 공급에 따라 결정된다 117
유행하는 자격이나 학위의 함정 117
기술 발전이 불러온 대체재의 위협 118
AI 시대에 살아남는 세 가지 전략 120

06 계속 움직이면서 머무를 곳을 찾아낸다 123
 - 포지셔닝 후편

'어디에 있는가'라는 원초적인 질문 123
능력보다 입지를 바꾸자 124
원격근무가 만든 전국 단위의 경쟁 시대 125
입지와 성과의 함수 126
지역 중심에서 전국 틈새시장으로 128
안주하는 삶을 경계하라 131
잘나가던 컨설팅 회사를 과감히 떠난 이유 133

07 사회적 이익을 만들어 내는 기업을 136
 주목해야 하는 이유 - CSV 경쟁 전략

혼란스러운 포터의 논문 138
사회적 가치가 먼저다 139
조직 문화가 성과를 결정한다 141
비전이 조직 문화를 바꾼다 143
진짜 동기는 어디에서 오는가 144
사회적 가치에 따라 소속을 선택한다 145
개인의 움직임이 사회를 움직인다 146

08 노력하는 자는 즐기는 자를   148
      이길 수 없다 - 자발적 동기부여

재능보다 꾸준함이 이긴다 149
타고난 재능에 집착하는 일본 사회 151
즐기는 자는 이길 수 없다 152
얼마나 즐겼는지가 성과를 가른다 153
보상이 오히려 독이 될 때 155

09 남들이 따라 할 수 없는 특징에   156
      주목하자 - 자원 기반 관점

손에 넣기 힘든 자원과 능력을 갖춘다 158
치명적인 약점은 강점이 될 수도 있다 159
강점이라는 위험한 질문 161
오랫동안 해온 일에서 답을 찾는다 162

10 서로 다른 일을 섞어 만드는   164
      나만의 조합 - 이니셔티브 포트폴리오

포트폴리오의 장점 165
리스크와 리턴이 다른 일을 함께 해본다 167
바벨 전략의 대표적 사례, 아인슈타인 168
시간 축의 차이를 포함한다 168
라이스워크와 라이프워크의 균형 172
사회적 기업과 영리사업을 함께 굴리는 법 173
전략자원의 분산 투입은 주의하자 174
내가 블로그를 시작한 이유 175

4장
나에게 적용할 수 있는 의사결정의 기술

11 나만의 조합 만들기 – 블루오션 전략 180

업계 1등이 아니어도 된다 182
독특한 조합이 중요하다 183
교차점이 많아질수록 세상은 다양해진다 183
조합의 실마리는 과거에 있다 185

12 타율보다 중요한 건 타석 횟수 – 창의성 이론 186

성공했기 때문에 많이 만든 것이 아니라, 많이 만들었기 때문에 성공했다 187
전략의 기본은 쓸데없이 많은 시도 188
여러 가지 결과물을 삶에 활용하는 법 189
성공과 실패의 비용 대비 효과는 비대칭 190
타율보다 타석에 얼마나 섰는지가 중요하다 191
계속 실패하기란 의외로 어렵다 193

13 어느 쪽으로 가도 이득인 선택을 한다 – 절대우위의 전략 195

1983년 아메리카스컵 챔피언 요트의 선택 196
경기에서 절대우위 전략이란 198
역배팅은 인생 초반에는 효과적 200
성과가 승리를 보장하지는 않는다 203

14 미래 가치를 고려한 시간 배분법 – 순현재가치 205

눈앞의 가치에만 매달리면 위험하다 207
성과를 거두는 데 걸리는 시간을 고려한다 210
유행하는 기술과 지식에 시간 낭비하지 않는다 212
가장 오래 가는 경쟁력은 인문 교양에서 나온다 213

15 항상 여러 선택지를 손에 쥔다 — 선택권의 가치   214

일상에서도 옵션 개념을 사용한다 216
실제 의사결정에 옵션 밸류의 사고 방식을 적용 216
성공한 사람일수록 옵션 밸류를 확보한다 218
겁쟁이가 경쟁우위에 서는 시대 220
인생 경영에도 통하는 옵션 활용법 222

5장
학습과 성장에 대하여

16 중요한 일을 직접 적고 점수로 매긴다   226
— 밸런스 스코어 카드(BSC)

평가 기준에는 단기와 장기 모두 포함 227
BSC를 인생에 적용한다 230
나만의 기준을 세운다 231
목표에서 벗어난 죄 232
타인의 기준을 그대로 따르는 엘리트 233
나만의 답을 바탕으로 기준을 세운다 235

17 막다른 벽에 부딪혔다면   238
일단 해본다 — 벤치마킹

벤치마킹이란 겸허함에서 나온다 240
분야가 달라도 벤치마킹은 가능하다 241
배움의 첫걸음은 모방 243
창의성과 모방은 종이 한 장 차이 244
인생에서 벤치마킹을 실천하는 세 가지 방법 246

18 실패를 자산으로 만드는 법 — 경험학습 이론 — 251

경험이란 좋은 실패 252
모든 일이 순조롭다면 오히려 위험하다는 신호 254
조직의 경험은 경영 자원 255
스스로 기회를 만들고, 기회에 맞춰 자신을 바꾼다 256

19 약점을 드러낼수록 강해진다 — 발달 지향적 조직 — 258

진짜 적재적소의 의미 259
약점을 자원으로 생각하기 261
매일의 업무를 교육으로 262
익숙한 틀에서 벗어나기 264
별 볼 일 없는 일도 의외로 가치가 있다 265

20 나누고 돕는 기쁨을 삶의 에너지로 삼는다 — 서번트 리더십 — 268

지배 대신 지원 269
지배형 리더십의 한계 271
과도기를 극복하는 방법 271
인생의 여름에 추구하던 가치를 내려놓는다 273
나이가 들면서 빛나는 지성 275
유동성 지능과 결정성 지능 276
서번트 리더십과 결정성 지능의 관계 277
두 지성의 파도를 뛰어넘는다 279
진짜 즐거움은 지금부터 280

마치며	자본주의 사회의 해커들에게	283
부록	경영학 독학을 위한 책 리스트	286

0장

왜 지금, 인생에도 경영 전략이 필요한가

나는 어떤 인생을 살고 싶은가

오늘날 일본은 과거에 한 번도 경험한 적 없는 저성장 시대에 들어섰다. 그러나 시대 변화에 발맞춰 인생관이나 커리어에 대한 인식을 새롭게 바꾸지 못한 채, 여전히 고도성장기에 통했던 '노력하면 반드시 보상받는다'는 믿음 속에서 살아가는 이들이 많다. 그 결과 사회 곳곳에서 크고 작은 혼란과 비극이 일어나고 있다. 여기에 기술의 급속한 발전과 더불어 인생 100세 시대가 열리면서, 삶과 일의 방식은 훨씬 다채로워졌다. 하지만 많은 이들은 오히려 새로운 현실 앞에서 당혹감을 느끼고 있다. 이러한 시대에는 누구나 저마다 자신만의 인생 경영 전략을 마련해야 한다. 이 장에서는 지금 왜 인생의 경영 전략이 필요한지, 그 배경이 되는 현실과 문제의식을 함께 살펴본다.

거센 시대의 파도

본론에 들어가기에 앞서 이 책을 쓰게 된 배경을 독자와 공유하고자 한다. 최근 내가 '라이프 매니지먼트 전략', 즉 인생을 경영하는 전략에 관해 책을 쓰기로 결심한 데에는 세 가지 문제의식이 있었다.

① 거센 시대의 파도
② 준비되지 않은 개인들
③ 양극단으로 갈라지는 인생론과 직업론

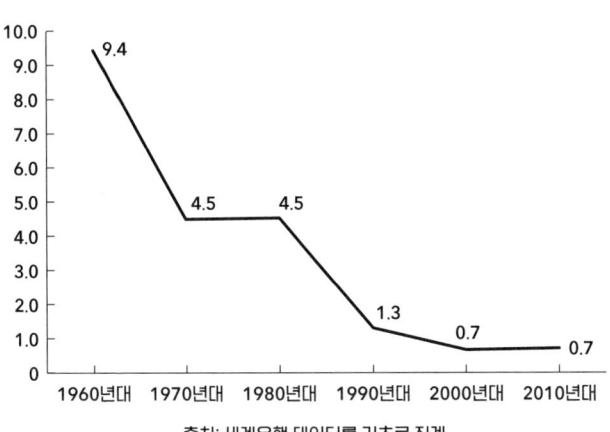

| 그림0-1 | 일본의 GDP 성장률

출처: 세계은행 데이터를 기초로 집계

순서대로 설명하겠다.

먼저 '거센 시대의 파도'부터 살펴보자. 위 그래프는 일본의 GDP 성장률을 10년 단위로 묶어 평균치를 나타낸 자료다. 언뜻 보기에도 일본의 경제 성장률은 1960년대를 기점으로 급격하게 하락했다는 점을 알 수 있다. 2024년을 기준으로 보면 2020년대 평균 성장률은 사실상 제로에 가깝다.

참고로 나는 이러한 상태를 무조건 부정적으로 보지는 않는다. 오히려 끊임없는 성장을 강박적으로 요구하는 등산 사회에서 벗어나, 완만하게 안정적으로 성장하는 고원(高原) 사회로 성숙해 가는 과정이라고 긍정적으로 해석하는 편이다. 나는 지금까지 몇 권의 저서를 통해 이러한 주장을 반복했는데, 그렇다고 해서 지금 상황에 전혀 문제가 없다는 뜻은 아니다.

내가 보기에 가장 큰 문제는 저성장 자체가 아니라, 무한한 성장을 전제로 설계된 사회 제도 또는 규칙과 제로성장의 균형에 연착륙하는 현실 사이에서 발생하는 여러 가지 왜곡이 우리의 삶을 크게 흔들고 있다는 점이다.

이러한 왜곡이 생기면 과거처럼 고도성장 사회로 되돌아가거나, 제로성장에 맞춰 사회의 제도나 구조를 다시 설계하는 두 가지 방법 중 하나를 선택해서 사회를 바꾸어야 한다. 하지만 60년 넘는 세월 동안 경제 성장률이 꾸준히 하락한 만큼, 나는 후자 외에는 선택지가 없다고 본다. 그럼에도 여전히 전자가 가능하다고 믿는 이들도 적지 않은 듯한데, 당분간 이러한 왜곡은 해소되지 않은 채 계속해서 사회에 혼란을 초래할 것이다.

지금 현실 사회는 제로성장의 균형으로 서서히 연착륙하는 중이지만, 사회의 제도와 규칙은 고도성장기의 '이륙'을 전제로 만든 그 시절 그대로다. 우리는 마치 두 시대의 '과도기'에 걸친 채 살아가는 셈이다.

■ 과도기 사회에 나타나는 정신적 후퇴와 자아 상실

시스템은 종종 과도기, 즉 다른 시스템으로 바뀔 때 취약성을 드러내는데 이는 사회도 마찬가지다. 프랑스 사회학의 선구자로 손꼽히는 에밀 뒤르켐은, 낡은 사회 시스템이 다음 단계로 이행하는 과도기 사회에서 기존의 규칙과 제도가 사회 변화를 따라가지 못하면 규범이 무너지고 아노미가 발생한다고 지적했다.

낡은 제도와 규칙이 더 이상 쓸모없다는 사실을 알면서도, 그 자리를 대신할 새로운 제도나 규칙을 알 수 없다면 사람들은 마치 공중에 붕 떠 있는 듯한 상태에 놓인다. 혼란에 빠진 개인과 조직은 과거의 규칙과 상식에 필사적으로 매달리거나, 허술한 이론에 성급히 의지하기 쉽다. 뒤르켐은 이러한 사회에서는 도덕이 황폐해지고, 정신적으로 후퇴하며, 결국 자아를 상실한다고 경고했다. 실제로 오늘날 일본 곳곳에서 나타나는 현상은 아노미라는 표현 외에는 설명하기 어렵다. 지금 일본 사회의 혼란 대부분은 이러한 왜곡에서 비롯된다고 생각한다.

■ 어디에 자리 잡는가가 인생을 좌우하는 시대

현실 사회가 제로성장에 가까워지는 데에도 제도와 규칙은 여전히 고도성장기 당시의 틀을 유지하는 과도기 사회에서는 '어디에 자리 잡을지'가 특히 중요한 문제로 떠오른다. 제로성장 사회에서는 전략적으로 업계를 선택하지 않으면, 자신이 속한 분야의 성장률 역시 거의 제로에 머물 가능성이 크다.

이를 두고 어떤 선택을 하든 별 차이가 없다고 생각할 수도 있지만, 이는 본질을 놓친 해석이다. 예를 들어 앞서 살펴본 2010년 일본의 경제 성장률은 0.7%였지만, 산업별로 보면 편차가 상당히 크다. 최근 10년간 GDP 평균 성장률이 가장 높은 전자부품 및 장치 제조업은 +7.83%였고, 가장 낮은 수산업은 -6.18%를 기록했는데, 이를 보면 업계 간 성장률의 편차가 매우 크다는 사실을 알 수 있다.

제로성장 사회란 위에서 볼 수 있듯 성장하는 업계와 쇠락하는 업계의 희비가 극단적으로 나뉘는 사회다. 이러한 사회에서는 개인이 어디에 자리를 잡느냐, 즉 경영 전략에서 말하는 '포지셔닝'이 인생 전체에 지대한 영향을 미친다.

■ 고도성장을 전제로 하는 사회 구조

과거 고도 경제성장기나 거품경제와 같은 고성장 시대에는 어떤 일자리를 선택하든 삶의 방향이 크게 달라지지 않았다. 문제는 그 당시에 만들어진 규칙과 제도가 오늘날과 같은 저성장 시대에도 여전히 그대로 남아 있다는 점이다.

| 그림0-2 | 산업별 실질 GDP와 평균 성장률

평균/연평균 성장률(2013년~2022년)

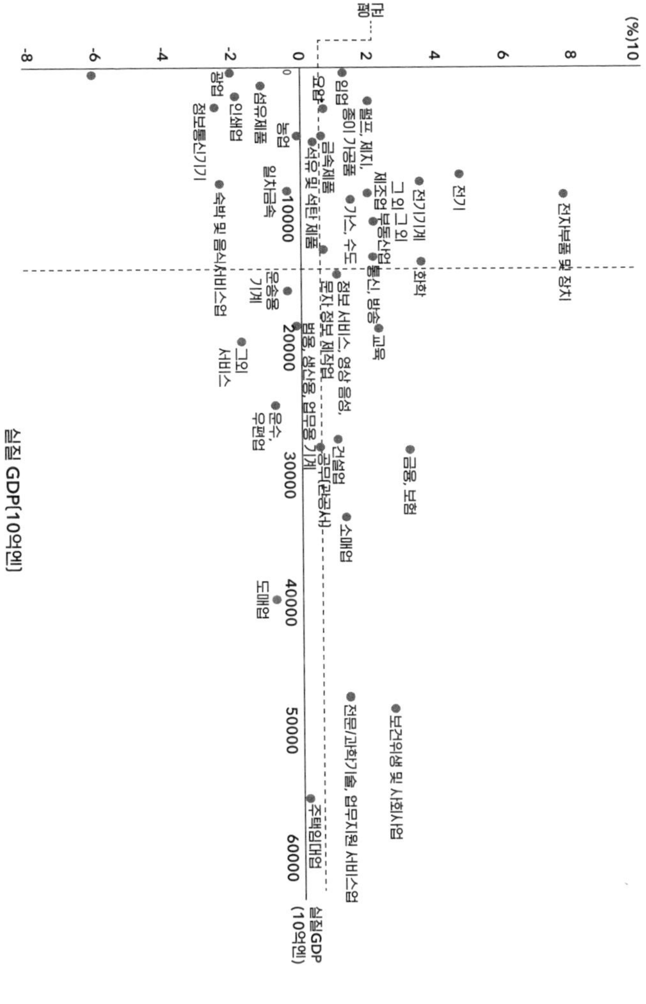

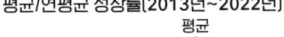

출처:총무성 통계국 데이터를 기초로 분석

대표적인 예가 전 세계적으로도 유례없이 기이한 채용 방식인 신입 공채다. 신입 공채는 지원자가 충분히 고민할 시간을 주지 않는다. 어느 조직이 좋은지, 어느 산업이 자신에게 맞는지 판단하려면 상당한 통찰력과 시간이 필요하지만, 이 제도는 애초에 지원자에게 그러한 여유를 허락하지 않도록 설계되었다고 볼 수 있다.

경제 경영 지식과 시간적 여유가 모두 부족한 학생들에게 '무조건 졸업 전까지 반드시 취업할 회사를 정해야 한다', '그렇지 않으면 낙오자가 된다'는 압박을 가한다. 그러면서 갑의 위치에 선 기업은 오랜 기간 별다른 평가조차 받지 않은 채, 뚜렷한 지원 동기도 없이 반쯤 무작위로 지원한 학생 중에서 자사에 맞는 인재를 손쉽게 골라낸다. 결국 신입 공채는 노동시장에서 기업에 유리한 정보 비대칭성*을 의도적으로 만들어 내는 교묘한 구조다.

■ 인연에만 기대기 어려운 세상

어떤 규칙이나 제도가 사회에 뿌리내렸다면 이는 그 나름의 합리성이 있었다는 사실을 의미한다. 신입 공채 역시 마

---

* 거래나 협상에서 한쪽 당사자가 상대방보다 양적으로나 질적으로 더 많은 정보를 보유한 상태.

찬가지다. 사회 전체가 함께 성장하던 시기에는 공채 제도가 오히려 합리적으로 작동했다. 선택에 시간을 들여 얻는 편익이 그에 따른 기회비용보다 작다면, 인생을 깊이 고민하기보다는 주어진 기회를 '인연'이라 여기고 그 안에서 최선을 다하는 편이 나았기 때문이다.

일본의 취업 과정에서는 흔히 '인연'이라는 표현을 쓰는데, 돌이켜보면 참 묘한 말이다. 인생을 좌우할 중요한 결정을 별다른 고민 없이 무작위로 내린다면, 훗날 '과연 이 선택이 옳았을까?' 하는 의구심이 남는다. 기업 입장에서도 직원의 이러한 의구심은 조직에 대한 부정적인 태도, 요즘 말로 하면 열정 부족으로 이어지는 만큼 결코 가볍게 넘길 수 없는 문제다. 그러다 보니 우연히 정해진 취업을 필연처럼 포장하고, 운명적인 의미를 덧씌우려는 심리가 인연이라는 말에 담겨 있다.

하지만 이제 더 이상 이런 사고방식은 통하지 않는다. 무작위로 자리를 정하면 기대 성장률이 제로에 가까운 사회, 즉 선택에 들인 시간이 그만큼의 *기회비용*을 웃도는 시대에 살고 있기 때문이다. 앞으로는 자신의 자리뿐 아니라 인생 전체를 충분히 고민하고 전략적으로 선택해야 한다.

문제의식 ②

준비되지 않은 개인들

하지만 우리는 이러한 변화 앞에서 여전히 제대로 대비하지 못하는 듯하다. 바로 내가 인생 경영 전략에 관한 책을 쓰기로 결심한 두 번째 이유다.

최근 직업과 노동 가치관에 관한 조사 결과를 보면, 대다수 일본인은 새로운 시대에 전혀 준비가 되어 있지 않다는 사실이 드러난다. 스위스에 본사를 둔 인재 서비스 기업 아데코는 2016년 일본에서 여론조사를 실시했다. '미래 커리어 계획을 세우고 있습니까?'라는 질문에 남성의 49.1%, 여성의 42.5%가 '별다른 생각이 없다'고 답했다.*

* https://www.adeccogroup.jp/power-of-work/vistas/investigation/2016/0817

마찬가지로 일본의 인재 서비스 기업 파솔 종합연구소가 2024년에 진행한 조사에서는, '업무 시간 외에 미래를 위해 어떤 공부를 하고 있습니까?'라는 질문에 응답자의 56.1%가 '전혀 하지 않는다'고 답했다.**

즉 일본에서 일하는 사람 중 절반 가까이는 미래의 커리어를 고민하지 않고, 업무 외에는 공부하지도 않으며, 매일 주어진 일만 처리하며 흘러가는 대로 살고 있다는 뜻이다. 앞으로의 일본 사회를 생각한다면, 이는 결코 가볍게 넘길 수 없는 문제다.

■ '어떻게든 되겠지'라는 생각

자신의 인생을 전략적인 관점에서 보지 못하는 사고 방식과 행동은 '성장이 당연했던 시대'의 잔재일 수 있다. 과거 고도 경제성장기나 거품경제 시절에는 오히려 깊이 생각하지 않는 태도가 더욱 중요했기 때문이다.

1964년, 고도성장기를 대표하는 코미디언 우에키 히토시(植木等)의 대표곡 〈잠자코 나만 믿고 따라와(だまって俺について来い)〉가 큰 인기를 끌었다. 당시 일본의 경제 성장률은 무려

** https://rc.persol-group.co.jp/news/202402071000.html

11.7%에 달했는데, 이는 국민 평균 소득이 약 6년 만에 두 배로 늘어날 정도로 놀라운 수치였다.

이 노래는 1절 첫 구절부터 '돈 없는 놈은 내게 와라!'로 시작해, 1절, 2절, 3절 모두 '그러다가 어떻게든 되겠지'로 끝난다. '돈은 없지만 어떻게든 될 거야'라는 말인데, 지금 들으면 도무지 말이 안 되는 가사다. 그러나 이런 비현실적인 메시지를 반복하는 노래가 인기곡으로 떠오르는 시대였다. 오늘날 일본에서 '돈은 없지만 곧 어떻게든 되겠지'라고 노래한다면 아마도 비웃음부터 살지 모른다.

하지만 당시 사람들은 이러한 가사를 너무나 당연하게 따라 불렀다. 연평균 성장률 11.7%라는 수치는 아무것도 하지 않아도 사회 전체가 그만큼 앞으로 나아간다는 뜻이었다. 그 시절에는 선택에 시간을 들여서 얻는 이익보다 망설이는 동안 잃는 기회가 더 컸다. 앞으로 어떤 인생을 살지, 어떤 조직이나 산업에 들어갈지 깊게 고민하기보다는, 눈앞의 선택지에 먼저 뛰어들고 그 안에서 노력하는 방식이 가장 합리적인 전략이었다. 우에키 히토시의 노래는 바로 그러한 시대의 심리를 잘 표현하고 있다.

그러나 그런 시절은 이미 끝났고 다시는 돌아오지 않는다. 이제 우리는 각자 인생이라는 프로젝트를 어떻게 운영할지 근본부터 다시 생각해야 한다.

■ 사회 변화는 개인의 변화에서 시작된다

경영 전략을 인생에 적용하자는 제안에 대해, 어떤 사람들은 이렇게 반박할지도 모른다. '성장하지 않는 사회에서 자기 혼자만 성장하려는 건 이기적인 태도 아닌가?', '사회 전체를 의자 뺏기 게임처럼 보고 과도한 경쟁을 부추기는 건 아닌가?'.

이런 말꼬투리 잡는 비판에 일일이 대응할 생각은 없지만, 내 생각은 정반대다. 오히려 개인이 더 나은 자리를 찾아 자신을 우선해서 선택할수록, 사회는 한층 발전하고 경쟁은 완화되며, 다양한 일과 삶의 방식이 받아들여지는 환경이 조성된다고 믿는다.

개발경제학 발전에 큰 공헌을 한 경제학자 앨버트 허시면(Albert O. Hirschman, 독일 출신 미국 경제학자이자 정치 경제학자-역주)은 조직이나 사회가 건강하게 작동하려면 '목소리 내기(voice)'와 '이탈(exit)'이 핵심이라고 했다. '목소리'는 잘못된 점에 대해 직접 의견을 밝히는 것이고, '이탈'은 옳지 않다고 느끼는 조직이나 상황에서 벗어나는 선택을 뜻한다.

우리가 속한 조직, 사회, 국가에는 늘 크고 작은 문제가 존재한다. 그러나 시간이 지나면 리더가 알아서 문제를 해결해 준다고 믿고 방치하면 결코 개선은 이루어지지 않는다. 허시면은 사회 구성원 각자가 옳고 그름을 판단하고 목소리를 내며, 필요할 때는 과감히 떠나는 행동을 해야 변화가 일어난다고 강조했다.

그런데 일본 사회에는 여전히 힘든 상황에서도 불평하지 않고 묵묵히 견디며 꾸준히 노력하는 태도를 미덕으로 여기는 문화가 남아 있다. 허시먼의 시각에서 보면, 이는 결코 미덕이 아니라 사회를 정체시키는 무책임하고 게으른 사고방식일 뿐이다.

우리는 인생이라는 프로젝트의 유일한 책임자이자 리더다. 스스로에게 솔직해지고, 때로는 이기적으로 보일지라도 목소리를 내고, 필요하다면 떠나야 한다. 이런 선택이야말로 조직과 사회를 더 나은 방향으로 이끄는 힘이 된다.

지금 일본 사회에서는 무슨 일이 생기면 정부나 기업이 문제라는 비난이 쏟아진다. 하지만 사회가 쇠퇴하는 가장 중요한 원인은 개인의 활력이 사라졌기 때문이라는 사실을 잊어서는 안 된다.

영국의 역사학자 아널드 토인비(Arnold J. Toynbee)는 대표작 《역사의 연구(A Study of History)》에서, 사회를 쇠퇴로 이끄는 가장 큰 요인은 '자기결정 능력의 상실'이라고 했다. 오늘날 일본에서는 국가 경쟁력이 저하한 원인으로 '기술 인재 부족', '혁신 침체'를 많이 거론한다. 그러나 토인비의 관점에서 보면 역사상 그런 이유로 무너진 문명이나 국가는 단 한 곳도 없었다.

지금 우리가 맞닥뜨린 위기의 본질은 스스로 생각하고 결정하는 힘을 잃어버렸다는 점에 있다. 토인비의 표현을 빌리자면, '자신 안에 있는 허무함'에 스스로 휘말려 몰락한 것이 바로 오늘의 현실이다.

양극화하는 인생론과 직업론

지금까지의 내용을 다시 정리하면 고도성장을 전제로 설계된 사회가 제로성장 시대로 접어들었지만 여전히 많은 사람들이 변화에 제대로 대비하지 못하고 있다는 점을 지적했다. 이제 내가 이 책을 쓰게 된 세 번째 이유를 말하려 한다. 바로 이런 혼란 속에서도 뚜렷한 전략이 없다는 문제의식 때문이다. 특히 인생론이나 직업론이라 불리는 담론들을 살펴보면 의문이 든다.

최근 유행하는 인생론은 크게 두 가지로 나눌 수 있다. 첫 번째는 한마디로 이렇게 요약할 수 있다.

"잔혹한 사회의 게임에서 냉정하게 싸워 이겨내고, 경제적, 사회적 성공을 손에 넣어라."

지극히 냉철하고 현실주의적인 입장이다. 이 책에서는 이러한 인생 전략을 목적을 위해서라면 모든 수단이 정당화된다고 본 중세 정치사상가 마키아벨리의 이름을 빌려서 '마키아벨리 인생론'이라 부르고자 한다. 서점에 가면 비슷한 목소리를 주장하는 책을 쉽게 찾을 수 있다. 그런데 조금만 시선을 옆으로 돌리면 정반대의 주장을 펼치는 책도 눈에 띈다. 이들이 전하는 메시지는 이렇다.

"경제적, 사회적 성공이라는 허상에 얽매이지 말고, 자기답게 살아가며 진정한 풍요를 추구하라."

한없이 순진하고 이상주의적인 주장처럼 들린다. 이 책에서는 이런 인생 전략을 인간은 본래 선하며, 개인의 내면적 도덕성을 중시해야 한다고 주장한 근대 사상가 장 자크 루소의 이름을 따 '루소 인생론'이라 부르겠다.

■ 둘 다 정답은 아니다

이 두 가지 상반된 주장은 오늘날 인생론의 양대 세력으로 자리 잡아 서로를 비난하고 공격하는 구도를 만든다. 그러나 나는 선택지가 두 가지뿐이라는 전제 자체가 이상하다고 생각한다. 둘 중 하나를 따른다고 해서 곧바로 탄탄한 커리어나 행복한 인생으로 이어질 것 같지 않기 때문이다.

먼저 마키아벨리 인생론의 문제는 '목표 설정'에 있다. 커리어 관련 연구를 살펴보면, 경제적, 사회적 성공을 이룬다고 해도 그것이 행복한 인생으로 이어지지는 않는다는 사실이 분명히 드러난다. 목표가 잘못 설정되면 어떤 프로젝트든 결국 무너진다. 그런 점에서 마키아벨리 인생론은 처음부터 핵심을 빗나간 전략이다.

반면 루소 인생론의 문제는 과정 설계다. 나다움을 추구하는 것은 분명 중요한 기준이 될 수 있다. 하지만 그 목표는 일정 수준의 경제적, 사회적 기반이 있어야 실현할 수 있으며, 단순히 자신만의 삶을 좇는다고 쉽게 얻어지지 않는다. 전략적으로 보았을 때 실행 가능성이 없는 목표는 공허한 이상에 불과하다. 그런 점에서 루소 인생론은 지나치게 안이하다.

이 책은 두 가지 생각 중 어느 쪽도 편들지 않는다. 하나의 프로젝트를 설계할 때는 목표 설정과 과정 설계 모두 중요하며, 인생이라는 프로젝트에서도 마찬가지이기 때문이다.

■ 모순을 깨는 혁신의 길

세상에 널리 퍼진 두 가지 삶의 방식이 모두 적절하지 않다면, 우리는 어떻게 살아가야 할까. 여기서 경영 전략의 지혜를 인생에 적용할 수 있다.

서로 양자택일(Trade-Off) 관계에 있는 두 선택지가 놓였을 때, 사람들은 대개 둘 중 하나를 어쩔 수 없이 받아들인다. 그러나 경영학의 혁신 이론은 '둘 중 하나(=OR)'의 선택을 비판 없이 수용하는 태도를 거부하고, 양자택일을 넘어 '둘 다(=AND)'를 가능하게 하는 제3의 옵션을 지향한다. 다시 말해 개성 있는 삶과 경제적, 사회적 성공을 동시에 실현하는 목표를 세우는 것이다.

마키아벨리나 루소 인생론이 아닌 제3의 인생론은, 자신의 개성을 살리는 삶을 살면서도 경제적, 사회적으로 안정된 인생을 추구한다. 이 책에서는 인생의 목적을 '에우다이모니아(Eudaimonia, 좋은 삶)'에 두고, 이를 실현하기 위해 극단을 피하며 중용을 중시하라고 설파한 고대 그리스 철학자 아리스토텔레스의 이름을 따 '아리스토텔레스 인생론'이라 부르고자 한다.

아리스토텔레스 인생론을 실천하려면, 언뜻 양립이 불가능해 보이는 두 가치를 한 단계 높은 차원에서 조율하는 지성과 용기가 필요하다. 그리고 바로 그 지성과 용기를 기르기 위해 경영 전략을 활용해야 한다. 경영이란 본질적으로 단기와 장기, 비용과 품질, 규율과 자유처럼 한쪽을 선택하면 다른 한쪽을 잃는 상황에서 균형을 찾는 일이며, 경영 전략론은 이런 이중적 긴장과 모순을 고차원적으로 조율하기 위해 발

| 그림0-3 | 아리스토텔레스 같은 인생을 목표로

	사회적 성공의 축 낮음	사회적 성공의 축 높음
나다움의 축 높음	**루소 인생론** 나다움을 추구했지만, 경제적, 사회적으로는 불안정함	**아리스토텔레스 인생론** 나다움과 경제적, 사회적 성공을 조화롭게 동시에 추구함
나다움의 축 낮음	**안일한 타협점** 모든 면에서 그저 그렇고, 애매한 중간에 머무름	**마키아벨리적 인생론** 경제적, 사회적으로는 성공했지만, 내면은 공허함

전한 학문이다.

■ 뱀같이 지혜롭고, 비둘기같이 순결하라

이런 조언을 두고 '중간에서 적당히 좋은 소리만 하는 모호한 이야기'라고 생각할 수도 있다. 하지만 세계에서 가장 널리 읽힌 베스트셀러인 《성경》에도 비슷한 가르침이 나온다. 신약성서 〈마태복음〉에서 예수는 전도 여행을 떠나는 제자들에게 이렇게 당부했다.

'뱀같이 지혜롭고, 비둘기같이 순결하라.'

겉으로는 모순된 이야기처럼 보이지만, 전체를 아우르는 인생 전략으로는 이보다 깊이 있는 조언도 드물다. '뱀같이 지혜롭게'라는 말은 세상의 통념이나 감언이설에 휩쓸리지 않고, 스스로 생각하며 판단하는 지혜와 분별력을 갖추라는 뜻이다. '비둘기같이 순결하라'는 말은 지위나 돈처럼 덧없는 것에 마음을 빼앗기지 말고, 자신만의 미적 감각과 윤리 의식을 지키라는 의미다.

예수 역시 사랑하는 제자들을 세상으로 내보내며, 서로 다른 두 인생관을 아우르는 제3의 길을 당부했다. 나 또한 이 말을 독자들에게 그대로 전하고 싶다.

'인생'이라는 프로젝트의 목표 설정

나는 어떤 인생을 살고 싶은가

개별적이고 구체적인 전략은 목표 달성에 얼마나 효과적인지에 따라 우열이 갈린다. 따라서 좋은 전략은 반드시 좋은 목표를 전제로 해야 한다. 반대로 목표 설정이 잘못되면, 아무리 정교한 전략이라도 결국 그 프로젝트는 실패로 끝날 수밖에 없다.

이 장에서는 개별 전략을 세우기에 앞서, 먼저 인생이라는 프로젝트의 목표에 대해 함께 고민해 보고자 한다.

**01
목적**

인생의
기본 원리 파악하기

―――― ◆ ――――

마음은 올바른 목표를 잃으면,
거짓된 목표로 욕망의 방향을 돌리게 한다.

_몽테뉴

이제 인생의 경영 전략에 대해 본격적으로 살펴보자. 인생에 적용할 수 있는 전략 개념 가운데 첫 번째는 '목적(Purpose)'이다.

최근 전 세계 기업들은 기업의 목적을 설정하려고 활발하게 움직이고 있다. 이러한 '목적 열풍'은 2019년, 미국의 주요 기업 CEO들로 구성된 회의체인 비즈니스 라운드 테이블(Business Roundtable)이 '기업의 목적은 단순히 주주 가치를 높이는 데 그치지 않고, 모든 이해관계자에게 가치를 제공하는 데 있다'고 선언한 것을 계기로 널리 퍼졌다.

1970년, 노벨상을 수상한 경제학자 밀턴 프리드먼이 기업의 유일한 목적은 이윤 창출이라는 이른바 '프리드먼 독트린(Friedman Doctrine)'을 발표한 이래, 이 말은 오랫동안 기업 경영자와 투자자들에게 널리 받아들여졌다. 그러나 이후 처음으로 기업의 존재 이유를 다시 묻는 분위기가 생겨났다.

전 세계 기업들이 '목적'이라는 개념에 주목한 이유는 분명하다. 스스로 '우리는 무엇을 위해 일하는가?', '우리는 왜 존재하는가?'라는 실존적 질문에 답하지 못했기 때문이다. 이 상태는 개인에게서 삶의 의미를 앗아가고, 허무주의에 빠뜨린다. 허무주의는 개인의 실존 차원에서 심각한 문제일 뿐 아니라 기업 경영에도 치명적이다. 구성원들이 허무주의에 빠져 회의실에서 '왜 이 일을 해야 하는가?'라는 질문만 반복한다면, 생산성은커녕 아무런 일도 진행되지 않는다. 의미의 상실은 곧 이익의 상실로 이어진다.

흔히 개인의 실존적 충만함과 기업의 경제적 번영은 서로 양립할 수 없는 관계라고 여기지만, 이는 잘못된 인식이다. 우리는 '가장 생산성이 높은 노동자는 가장 행복한 노동자'라는 사실을 잊어서는 안 된다.

■ 올바른 전략은 올바른 목표에서 시작된다

몽테뉴가 《수상록》에서 말했듯, 올바른 목표를 잃으면 거짓된 목표가 그 자리를 차지한다. 잘못된 목표 위에 세운 전략은 아무리 정교해도 실패할 수밖에 없다. 따라서 개별 전략의 우열을 논하기에 앞서 먼저 '프로젝트의 목적'을 분명히 해야 한다.

이 책에서 정의하는 인생이라는 프로젝트의 장기 목표는 다음과 같다.

> "시간자본을 적절히 배분해서 지속 가능하고 행복한 삶을 추구하고, 언제 죽음이 찾아오더라도 '좋은 인생이었다'고 말할 수 있도록 사는 것."

이 정의에는 세 가지 핵심 포인트가 있다.

첫째, 인생의 경영 전략에서 우리가 통제할 수 있는 전략 변수는 '시간자본'뿐이다. 전략을 세울 때는 어떤 변수를 직접 다룰 수 있는지 반드시 파악해야 한다. 많은 사람들은 인생 계획을 세우면서 자신이 통제할 수 없는 타인, 조직, 사회 같은 요소를 바꾸려고 무의미한 노력을 기울인다. 이 책은 그러한 실수를 피하고, 오직 스스로 통제할 수 있는 시간자본에 초점을 맞춘다.

둘째, 인생 전략을 검토할 때는 시간자본을 어떻게 배분할 것인가가 핵심 과제다. 전략이란 본질적으로 자원 배분을 다루는 예술이자 과학이기 때문이다. 고대 《손자병법》 이후 수많은 전략론이 등장했지만, 항상 전략자원의 배분이라는 문제가 있었다. 우리가 반드시 갖고 있는 자원은 시간자본이며, 이를 어떻게 나눌지야말로 인생 경영 전략의 가장 중요한 과제다.

셋째, 이 책이 설정하는 인생 프로젝트의 목적은 부자가 되는 것도, 회사에서 승진하는 것도, 사회적 명예를 얻는 것도 아니다. 목표는 '지속 가능하고 행복한 삶을 추구하는 것'이다.

1974년 미국 경제학자 리처드 이스털린(Richard Easterlin)은 소득이 일정 수준을 넘으면 행복한 감정이 더 이상 증가하지 않는다는 '이스털린의 역설'을 발표했다. 이후 여러 연구가 이를 뒷받침하며 돈, 지위, 명예 같은 요소는 일정 수준을 넘어서면 좋은 삶과 직접적인 상관관계가 없다는 사실을 보여주었다. 이 책은 이런 요소들을 행복한 삶을 위한 기본 조건으로 인정하되, 결코 인생의 최종 목표로 삼지 않는다.

특히 여기서는 목표에 '지속적인(sustainable)'이라는 조건이 붙는다는 점에 주목하자. 이는 '죽기 직전에만 행복한 삶을 이루면 된다'는 생각을 거부한다는 의미다. 이유는 간단하다. 우리는 언제 죽음이 찾아올지 알 수 없기 때문이다. 그렇기에 목표 시점을 '언젠가'가 아닌 '항상'으로 두어, 지속 가능한 상태를 유지하는 것이 중요하다.

■ 시간자본을 다른 자본으로 바꾸는 게임

지금까지 설명한 내용은 그림 1-1처럼 정리할 수 있다.

출발점은 '시간자본'이다. 인생의 초기 단계, 즉 10대에서 20대에 걸친 일을 시작하는 시기에는 대부분의 사람이 인적 자본(기술, 지식)이나 사회자본(신뢰, 평판)을 아직 갖추지 못한 상태다. 그들이 가진 유일한 자원은 풍부한 시간자본뿐이다.

이 시기에 양질의 학습이나 의미 있는 경험을 쌓을 수 있는 일을 하면, 시간자본은 지식, 경험, 기술로 구성된 인적 자본으로 전환된다. 앞서 설명했듯이 성장하고 발전하는 환경에 몸을 두느냐, 아니면 정체하거나 쇠퇴하는 환경에 머무느냐에 따라 인생의 방향은 하늘과 땅만큼 달라진다. 이러한 차이는 결국 시간자본을 인적 자본으로 바꾸는 효율에서 비롯된다.

시간자본을 밀도 높고 의미 있는 경험을 얻는 일에 투자하면, 그 시간은 고스란히 인적 자본으로 전환된다. 반대로 질 낮은 일에 시간을 쓰면, 투자한 시간자본은 그대로 낭비되고 인적 자본도 얻을 수 없다.

이 책에서도 다시 다루겠지만, 커리어 초기 단계에서 어떤 일을 경험하느냐는 '시간자본을 인적 자본으로 얼마나 잘 전환하는가'라는 관점에서 매우 중요한 문제다. 요즘은 빠르고 손쉽게 돈을 벌 수 있다는 이유로 합법과 불법의 경계에

| 그림1-1 | 인생이라는 프로젝트의 원리

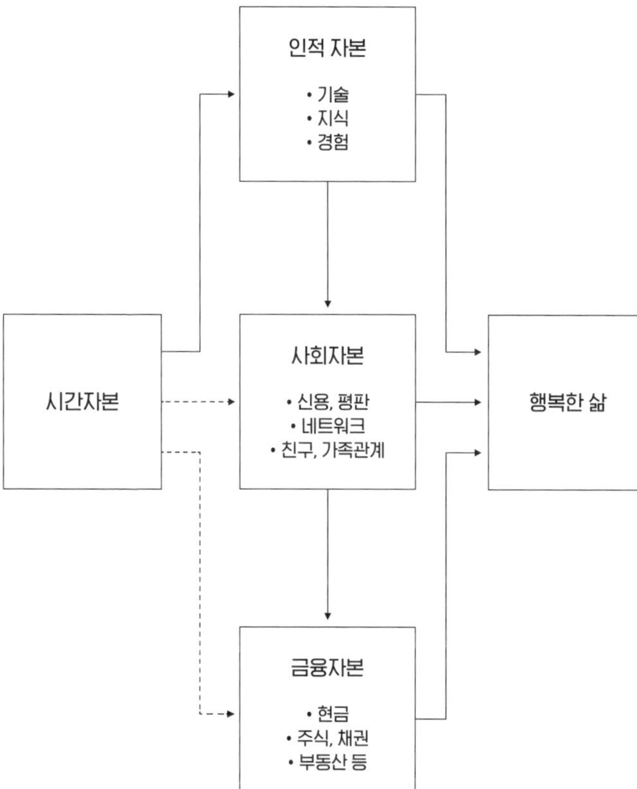

있는 일에 손을 대는 사람이 적지 않다. 하지만 그런 일은 아무리 반복해도 인적 자본은 쌓이지 않으며, 시간이 지날수록 인생은 점점 더 좁고 막다른 길로 내몰리게 된다.

■ 사회자본은 인적 자본에 따라 늘어난다

자신의 시간자본을 양질의 경험을 쌓을 수 있는 '전망이 좋은 일'에 투자하면 인적 자본이 성장한다. 이렇게 성장한 인적 자본은 뛰어난 아웃풋과 퍼포먼스를 만들어 내고, 그 결과 '이 사람에게 일을 맡기고 싶다', '이 사람이라면 틀림없다'는 평판과 신뢰, 네트워크로 이어진다. 즉 사회자본이 형성된다.

여기서 중요한 점은 인적 자본이야말로 사회자본을 만들어 내는 원천이며, 시간자본을 직접 투입한다고 해서 사회자본이 곧바로 쌓이지는 않는다는 사실이다. 도표에서 시간자본과 사회자본을 연결하는 선이 점선으로 표시된 이유가 바로 여기에 있다. 이 틀로 보면, 이른바 다양한 업계 사람들의 네트워킹 모임이 비생산적인 이유를 이해할 수 있다. 이런 네트워킹 모임은 사회자본을 쌓기 위한 자리처럼 보이지만, 실제로 사회자본은 인적 자본이 뒷받침하는 성과와 아웃풋을 통해서만 형성된다. 따라서 모임에 시간을 쏟는다고 해서 즉시 사회자본이 만들어지지는 않는다.

나 역시 비슷한 경험이 있다. 20대 후반, 아직 '세계 게임의 원리'를 제대로 이해하지 못하던 시절이었다. 일은 그럭저럭 해내고 있었지만, 제대로 살고 있다는 생각도 하지 못한 채, 그저 이 일을 계속해도 괜찮을까 하는 의문이 늘 마음 한

켠에 자리했다. 그 무렵 선배들에게서 인맥의 중요성을 여러 번 들었고, 그 말에 휩쓸려 네트워킹에 상당한 시간자본을 쏟아부었다.

돌이켜보면, 어딘가에서 갑작스레 스카우트를 받고 중요한 자리에 발탁되는 일을 은근히 기대했는지도 모른다. 하지만 인적 자본이 거의 없던 그때의 나에게 그런 기회가 올 리는 없었다. 결국 몇 번 모임에 나간 끝에 허울뿐인 기대를 접고 묵묵히 한 걸음씩 나아가야 한다는, 지극히 당연한 사실을 다시 깨달았다.

■ 사회자본이 금융자본을 만든다

금융자본도 마찬가지다. 금융자본은 신뢰, 평판, 네트워크 같은 사회자본에서 비롯된다. 사회자본이 뒷받침되지 않은 상태에서 금융자본을 직접 늘리려는 시도는 매우 비효율적이다. 도표에서 인적 자본과 금융자본이 직접 연결되어 있지 않은 이유가 바로 이것이다. 금융자본의 주요 원천은 사회자본이며, 인적 자본은 간접적으로만 영향을 미친다.

수입을 늘리기 위해 자격증이나 기술을 익히는 사람이라면 이 말이 잘 와 닿지 않을 수 있다. 그러나 곰곰이 생각해보자. 우리는 결국 자기 능력과 지식을 노동시장에서 거래한다. 이때 고용자의 의사결정을 좌우하는 것은 인적 자본 자체가 아니라, 평판과 신뢰 같은 사회자본이다.

 그 이유는 단순하다. 인적 자본은 외부에서 직접 볼 수 없기 때문이다. 고용자는 학력, 경력, 수상 이력, 징계 이력 같은 정보를 참고하는데, 이는 어디까지나 인적 자본을 간접적으로 보여주는 '기호'일 뿐이다. 인적 자본 자체를 확인하는 일은 사실상 불가능하다. 이 점은 소비 행태를 떠올리면 쉽게 이해된다. 생필품이나 가전제품, 자동차 같은 내구재를 살 때 우리는 제품의 성능과 특징을 일일이 비교하기보다 브랜드의 신뢰도·평판·인지도를 기준으로 판단한다. 들어본 적 없는 회사의 제품이라면 아무리 품질이 뛰어나도 선뜻 손이 가지 않는 이유다.

 결국 금융자본은 개인이 지닌 신뢰, 평판, 인지도 같은 사회자본 덕분에 형성된다. 지식, 능력, 직무 역량 등 인적 자본은 직접 금융자본을 만들어 내지는 않는다. 이 점은 커리어를 설계하는 데서 매우 중요하지만, 많은 사람들이 놓치고 있는 부분이다.

■ 자본의 두 가지 종류

 이제 웰빙과 세 가지 자본의 관계를 살펴보자. 먼저 인적 자본과 사회자본에는,

- **업무에 유용한 자본**
- **삶을 풍요롭게 해주는 자본**

이렇게 두 가지 차원이 존재한다는 점을 기억해야 한다.

인적 자본을 기준으로 보면, 전자는 재무, 회계, 마케팅 같은 지식이나 기술처럼 일을 하는 데 직접 도움이 되는 자본이다. 반면 후자는 악기 연주, 스포츠, 예술, 요리나 와인처럼 취미를 통해 삶의 질을 높이는 자본을 말한다.

인생의 궁극적인 목표를 행복한 삶의 실현으로 본다면, 이 두 자본이 인생에 기여하는 방식은 각기 다르다. 업무에 유용한 자본은 사회자본이나 금융자본을 거쳐 간접적으로 행복한 삶에 영향을 미치지만, 삶을 풍요롭게 해주는 자본은 직접 작용한다.

이 차이를 명확히 인식하지 못한다면, 시간자본을 오로지 일에 필요한 자본에만 쏟아붓는 치명적인 실수를 저지를 수 있다.

■ 돈과 출세가 전부는 아니다

호주의 임종 간호 시설에서 오랫동안 완화의료를 담당한 작가 브로니 웨어(Bronnie Ware)는 말기 환자들이 자주 하는 두 가지 후회를 이렇게 소개했다.

"그렇게까지 일만 하는 게 아니었는데."
"친구 관계를 이어갈 걸 그랬어."

앞서 설명한 자본의 틀에 대입하면, 첫 번째 후회는 시간자본을 일에 지나치게 쏟아부은 데 대한 것이고, 두 번째 후회는 시간자본을 일에 유용한 사회 자본에만 편중했던 데 대한 것이다.

죽음을 앞둔 사람들이 마지막 순간에 떠올리는 것은 직장에 다니던 시절의 직급도 아니고, 은행 계좌의 잔액도 아니다. 그저 가족이나 친구와 함께 웃고 떠들며 보냈던 따뜻한 시간의 기억뿐이다. 이 지적은 '실패자'라는 개념을 다시 생각하게 한다. 실패자는 돈을 벌지 못하거나 출세하지 못한 사람이 아니라, 일에만 몰두한 나머지 가족이나 친구와 보내야 할 소중한 시간을 전부 일에 써버린 사람을 뜻한다.

■ 삶의 질과 세 가지 자본의 방정식

지금까지 시간자본을 적절히 투자하면 인적 자본이 형성되고, 인적 자본은 사회자본을 낳으며, 사회자본은 다시 금융자본으로 이어지는 일련의 흐름을 살펴봤다. 그렇다면 이들 자본은 행복한 삶과 어떻게 연결될까.

행복한 삶을 실현하기 위해서 무엇이 핵심 요소인지에

대해서는 지금까지 수많은 연구와 토론이 이어졌다. 이를 폭넓게 살펴 공통분모를 뽑아내면 크게 세 가지로 정리할 수 있다.

> ① **자기효능감** 스스로 역량이 있다고 느끼고, 그 역량을 의미 있는 일에 발휘하며 성장한다는 확신. 그리고 그 과정에서 누군가에게 도움을 주면서 자신도 함께 발전하고 있다고 느끼는 상태
>
> ② **사회적 연결** 직장이나 거래처에서 신뢰와 신용을 얻고, 커뮤니티의 지인이나 친구, 가족과 우애롭고 친밀한 관계를 유지하는 상태
>
> ③ **경제적 안정** 경제적으로 안정되어 있으며, 어떤 일이 생겨도 일상적인 삶을 유지하는 데 불안이 없는 상태

여기까지 읽은 독자라면 눈치챘을 것이다. 이 세 가지 요소는 각각 인적 자본, 사회자본, 금융자본에 대응한다. 이로써 시간자본이 행복한 삶과 연결되는 구조가 완성된다.

특히 자기계발 서적 등에서는 금융자본을 지나치게 강조하는 경우가 많지만, 금융자본은 삶의 질을 구성하는 여러 요

소 중 하나일 뿐이라는 점을 유념해야 한다. 물론 오늘날 행복하게 살려면 어느 정도 금융자본이 필요하다. 그러나 금융자본은 일정 수준을 넘어서면 더 이상 삶의 질 향상에 크게 기여하지 않는다는 사실 역시 이미 잘 알려져 있다.

| 그림1-2 | 세 가지 자본과 삶의 질의 관계

자기효능감	- 자신에게 능력이 있다고 느낌 - 자기 일을 스스로 결정하고, 인생을 주도하고 있다고 생각함 - 자신이 누군가에게 도움이 되고 있다고 느낌	인적 자본 • 지식 • 기술 • 경험 등
사회적 유대감	- 일과 관련하여 타인에게 신뢰받는 느낌 - 지역 사회의 친구나 가족과 건설적이고 우호적인 인간관계를 맺고 있다는 느낌	사회자본 • 신용 • 평판 • 유대감
경제적 안정성	- 경제적으로 안정되어 있다고 느낌 - 무슨 일이 있더라도 기본적인 생활을 유지하는 데 불안이 없다고 느낌	금융자본 • 현금 • 자산

한 가지 덧붙이자면, 삶의 질 연구에서는 친구와 가족을 비롯한 풍부한 사회자본이 행복감을 높이는 데 가장 크게 기여한다는 사실이 분명히 드러난다. 그런 의미에서 금융자본만을 과도하게 추구하고, 인적 자본과 사회자본 형성을 소홀히 하는 실수는 인생을 패배로 이끄는 어리석은 선택임을 경계해야 한다. 그러나 이는 말처럼 쉽지 않다. 금융자본의 유혹은 언제나 강력하다. 자칫하면 세 가지 자본의 우선순위를 잊은 채, 금융자본을 늘리기 위해 시간자본을 지나치게 투입하는 실수를 범하기 쉽다. 세상이 떠받드는 성공이라는 허상에 사로잡히기보다, 내게 진정으로 중요한 가치가 무엇인지 스스로 묻고, 인생이라는 프로젝트의 중심에서 흔들리지 않아야 한다.

■ 시간 도둑에 삶을 빼앗기지 않으려면

미하엘 엔데의 소설 《모모》에는 회색 양복을 입은 시간 도둑이 등장한다. 그들은 행복하게 살던 사람들에게서 시간을 빼앗으며 이렇게 속삭인다. "사랑하는 가족이나 이웃을 위해 무의미하게 쓰는 시간을 아껴 저축하면, 당신도 부자가 될 수 있습니다."

시간 도둑의 제안은 인생을 풍요롭게 해주는 자본에 쓰던 시간을 오로지 금융자본 축적에 쏟으라는 유혹이었다. 이

제안을 받아들인 사람들은, 자신도 모르는 사이에 이미 누리고 있던 행복을 서서히 잃어버린다. 그렇다면 회색 양복을 입은 시간 도둑에게 시간을 빼앗기지 않으려면 어떻게 해야 할까. 정답은 하나다. 자신에게 진정으로 중요한 것, 진심으로 이루고 싶은 것을 의식하며 스스로 시간자본의 배분을 관리하는 것이다. 이를 소홀히 하면 인생은 사회 곳곳을 활보하는 시간 도둑에게 쉽게 잠식된다. 결국 내가 진심으로 원하는 일이 아니라, 시간 도둑이 원하는 일에 소중한 시간을 쓰게 된다. 그렇게 되면 열심히 치밀하게 인생의 경영 전략을 세워도 아무 소용이 없다.

내가 이 점을 이토록 강조하는 이유는, 나 자신이 이미 실패를 경험했기 때문이다. 앞서 말했듯 나는 30대 중반부터 인생에 경영 전략을 적용하는 실험을 시작했다. 그런데 목표가 하나둘 현실이 되어가는데도, 이상하게도 전혀 행복하지 않았다. 돌이켜보면 당시 내가 손에 넣으려 한 것들은 진심으로 원했다기보다는 주변의 부러움을 의식한 선택이었다. 결국 내가 맞닥뜨린 시간 도둑은 다름 아닌 나 자신이었다.

이 글을 읽는 여러분은 나와 같은 실수를 반복하지 않기를 바란다. 자신의 인생에 진정으로 중요한 가치가 무엇인지 분명히 인식하며, 앞으로 이어질 인생의 경영 전략을 함께 고민해 나가길 바란다.

'되는 대로' 흘러가지 않기 위한 장기 계획 세우기

나는 어떤 인생을 살고 싶은가

인생은 매우 오랜 시간에 걸쳐 진행되는 프로젝트지만, 바쁘다는 말을 입에 달고 살다 보면 놀라울 정도로 순식간에 흘러가 버린다. 이제 마케팅, 경영 전략론, 직업론 등 여러 분야의 시각을 참고해 인생이라는 프로젝트의 장기 계획을 생각해 보고자 한다. 그 출발점으로, 마케팅 분야에서 자주 언급되는 '생애 주기 곡선(Life Cycle Curve)'부터 살펴보겠다.

02 생애 주기 곡선

매우 긴 시간에 걸친
프로젝트 로직

◆

생각하는 대로 살아야 한다.
그렇지 않으면 사는 대로 생각하게 된다.

_폴 부르제

기업이나 제품이 도입기, 성장기, 성숙기, 쇠퇴기라는 단계를 거치는 것처럼, 우리의 인생도 각기 다른 국면을 지나며, 그 시기마다 요구되는 사고방식과 행동 양식이 달라진다.

이 장에서는 마케팅 이론 중 하나인 '생애 주기 곡선(Life Cycle Curve)'을 인생 전략에 적용해 보고자 한다. 생애 주기 곡선은 기업이나 제품, 서비스가 시장에서 어떤 흐름을 거치는지 설명하는 개념으로, 일반적으로 다음과 같은 곡선으로 표현된다.

| 그림2-1 | 생애 주기 곡선의 네 가지 단계

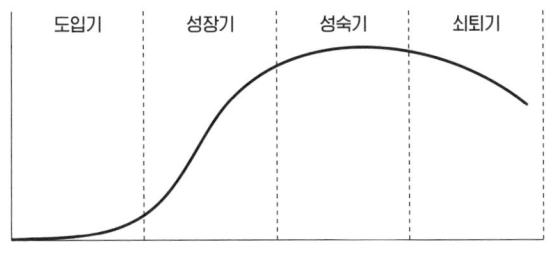

	도입기	성장기	성숙기	쇠퇴기
매출 성장률	저	고	저	마이너스
투자액	많음	많음	적음	마이너스
이익	적음	증가	많거나 적음	적음
경쟁	적음	증가	많거나 적음	적음

• **도입기**

제품이 처음 시장에 출시되는 시기다. 개발과 마케팅에 큰 비용이 들어 수익을 내기 어렵고, 시장에 안착할 수 있을지 불확실성이 크다.

• **성장기**

제품이나 서비스가 시장에 자리를 잡고 매출이 급격히

증가하는 시기다. 경쟁 업체들이 본격적으로 진입하면서 차별화 전략이 중요해지고, 시장 점유율이 급변하며 가격 경쟁이 시작되기도 한다.

• **성숙기**

시장이 포화 상태에 이르고 매출 성장 속도가 둔화하는 시기다. 제품이나 서비스가 완성 단계에 도달해 큰 변화가 없고, 시장의 성장도 멈춰 점유율 경쟁이 치열해진다. 이 과정에서 가격 경쟁이 빈번하게 일어난다.

• **쇠퇴기**

수요가 줄고 매출이 감소하는 시기다. 새로운 기술의 등장이나 소비자의 취향이 변화하면서 기존 제품이나 서비스가 점점 진부해진다. 이 시기에는 혁신을 모색하거나 완전히 새로운 시장으로 진출하는 전략이 필요하다.

■ 인생에도 사계절이 있다

이 장에서는 먼저 자신의 인생을 생애 주기 곡선에 대입해 보면서, 시야를 넓혀 시기마다 변화하는 '인생이라는 게임'을 떠올려 보자.

앞장에서 사람은 언제 죽을지 모른다는 사실을 언급했다. 그러나 현재 일본 사회의 평균적인 삶을 기준으로 하면 대부분 80세 이상까지 산다. 그렇다면 평균 수명을 80세 이상으로 가정하고, 생애 주기 곡선의 개념을 적용해 보면 인생은 크게 다음 네 단계로 나눌 수 있다.

먼저 생애 주기 곡선에서 '도입기'에 해당하는 시기는 '인생의 봄'이다. 이는 유년기와 학창 시절부터 대략 30세 전후까지로, 상징하는 키워드는 '도전'이다. 이 시기의 핵심 과제는 다양한 일에 도전하며 자기 능력과 열정을 느끼게 하는 것이 무엇인지, 반대로 그렇지 않은 것은 무엇인지 파악하는 일이다. 이를 통해 다음 단계에서 추구할 삶의 방향과 주제를 찾는다.

그다음 성장기에 해당하는 시기는 '인생의 여름'이다. 대략 30세 전후부터 50세 전후까지로, 키워드는 '축적'이다. 이 시기에는 자신이 선택한 영역에 마치 레이저처럼 시간을 집중적으로 투자해서 지식, 기술, 경험 같은 인적 자본은 물론, 신용, 평판, 네트워크 같은 사회자본을 쌓는다. 이렇게 형성한 기반은 이후 '인생의 가을'과 '인생의 겨울'을 준비하는 단단한 기반이 된다.

세 번째는 생애 주기 곡선에서 성숙기에 해당하는 '인생의 가을'이다. 대략 50세 무렵부터 70세 전후까지에 해당하며, 키워드는 '확장'이다. 인생의 여름에 축적한 인적 자본과 사회자본을 바탕으로 본업 이외에 다양한 영역으로 활동 반경을 넓히고, 다가오는 '인생의 겨울'로의 전환을 원활하고 풍요롭게 준비하는 시기이다.

    마지막은 '쇠퇴기'에 해당하는 '인생의 겨울'이다. 대략 70세 이후에 해당하는 시기로 '겨울'이라는 표현이 차갑고 쓸쓸하게 들릴 수 있지만, 실은 그 어느 때보다도 아름답고 사람의 따스한 정이 느껴지는 시기다. 키워드는 '나눔'이다. 지금까지 축적한 다양한 경험에서 정제된 지혜를 얻어 후배들에게 조언하고, 기회를 나누며, 진심 어린 피드백으로 성장의 불씨를 전해주는 '현자'의 모습이야말로 이 시기의 이상적인 이미지다.

| 그림2-2 | 인생의 네 가지 단계=봄, 여름, 가을, 겨울

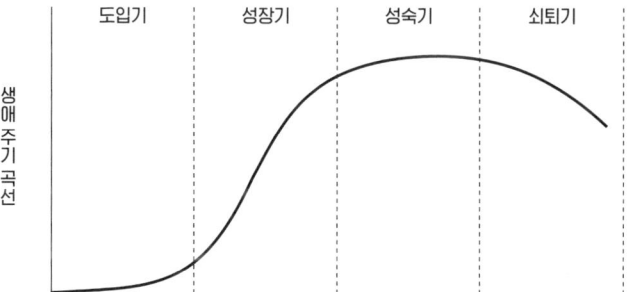

■ 너무 이르거나 너무 늦은 시기는 없다

앞에서 살펴본 인생의 단계는 어디까지나 전형적인 예시에 불과하며, 각자 사람마다 인생 전략에 따라 단계별 내용이나 연령대는 크게 달라질 수 있다.

예를 들어 30대 중반까지 인생에 대해 깊이 고민하지 않고 살던 사람이 어떤 계기를 통해 삶을 진지하게 돌아보기 시작했다면, 바로 그 시점부터 인생의 봄이 시작되었다고 볼 수 있다. 이 경우에는 우선 본업에서 무슨 일이든 해보면서, 앞으로 어떤 삶의 방향을 추구할지 탐색하는 것이 첫 번째 단계다. 이처럼 사람에 따라 연령이나 단계별 내용은 표준 모델과 크게 다를 수 있다.

현실에서도 이런 예외는 드물지 않다. 금융업계에서 일하다 마흔을 넘겨 화가의 길을 걸은 폴 고갱, 인생 초반에는 성직자이자 오르가니스트로 활동하다 마흔 이후 의사로서 위대한 업적을 남긴 알베르트 슈바이처 같은 인물이 대표적이다. 그들이 살았던 시대는 대부분 사람들이 환갑을 넘기지 못했지만, 평균 수명이 훨씬 늘어난 오늘날에는 일정 연령을 지나 다시 인생의 봄을 시작하는, 이른바 '인생 이모작'도 충분히 가능하다.

결국 생애 주기 곡선에서 제시하는 각 단계와 연령의 관계는 참고용일 뿐이다. 이 틀에 자신을 억지로 맞출 필요도 없고, 너무 빠르거나 혹은 이미 늦었다고 생각할 필요도 없다. 인생 전략은 언제나 개인의 선택과 타이밍에 따라 유연하게 조정할 수 있으며, 무엇보다 가장 중요한 것은 스스로에게 맞는 시기에 자신만의 리듬으로 움직이는 일이다.

■ 교훈 1. 계절마다 합리적인 행동은 달라진다

장기적인 관점에서 생애 주기 곡선의 각 단계를 바라보면, 인생이라는 프로젝트에서 얻을 수 있는 중요한 교훈이 있다. 첫 번째는 단계에 따라 적절한 태도가 달라진다는 점이다.

우리는 흔히 이것저것 시도만 하고 뚜렷한 성과를 내지 못하는 상태를 부정적으로 본다. 그러나 인생의 여름 이후 집중할 영역을 찾으려면, 그 이전 단계에서는 다양한 일에 도전하고 자신이 잘할 수 있는 분야를 발견하는 과정이 반드시 필요하다. 반대로, 인생의 여름에 들어서도 여전히 여러 일을 시도만 하며 중심을 잡지 못한다면, 이는 전략적으로 문제가 될 수 있다. 결국 생각과 태도, 행동 방식의 적절성은 그 사람이 처한 인생 단계에 따라 완전히 달라진다.

그런데 세상에는 '고생 끝에 낙이 온다', '꾸준한 것이 힘이다'처럼 맥락과 시기를 고려하지 않은 속담과 격언이 넘친다. 이런 말들을 항상 절대적인 진리인 것처럼 받아들이면, 오히려 개인의 전략적 유연성과 선택지를 빼앗아 버린다. 우리는 이런 식으로 사고와 행동의 자유를 제한하는 말을 '저주'라고 부른다.

경영 전략에서는 선택지, 즉 옵션을 줄이는 것이야말로 피해야 할 최악의 수다. 이 원칙은 인생 전략에도 그대로 적용된다. 우리 사회에는 '~해야 한다', '~해서는 안 된다'는 식의 말들이 많지만, 이런 말 대부분은 삶에서 사고와 행동의 자유를 빼앗을 수 있다는 사실을 항상 염두에 두어야 한다.

그렇다면 어떻게 세상에 만연한 저주에서 벗어날 수 있을까. 해답은 '생각하는 것'이다. 다른 이들이 무슨 말을 하든 스스로 이성적인 사고를 유지하며 인생의 전체 구도, 즉 마스터플랜을 그릴 수 있다면, 세상의 온갖 잡음에 흔들리지 않고 자신의 힘으로 인생 전략을 실행할 수 있다.

■ 교훈 2. 인생의 단계별 역할과 기여 방식

두 번째 교훈은 '인생은 단계에 따라 맡는 역할과 기여 방식이 크게 달라진다'는 점이다. 그래프를 보면, 단계마다 초점을 두어야 할 부분과 기대되는 역할, 그리고 일하는 방식이 뚜렷이 다르다는 사실을 알 수 있다. 이런 변화는 서로 다른 지식과 기술을 요구하므로, 단계가 바뀔 때마다 새로운 형태의 인적 자본과 사회자본을 새롭게 구축해야 한다.

반대로 인생의 단계가 바뀌었는데도 이전 단계의 사고방식이나 행동 방식을 그대로 고수한다면, 변화한 환경이 요구하는 역할과 기대에 맞출 수 없게 되고, 결과적으로 사회자본은 서서히 줄어들 수밖에 없다.

주변에서도 이런 사례를 쉽게 찾을 수 있다. 20대에는 상사의 인정을 받으며 유망주로 주목받았지만 이후 뚜렷한 성과 없이 존재감이 사라진 사람, 혹은 젊을 때는 두각을 드러내지 못했으나 시간이 지나며 점점 존재감을 높인 사람이 있을 것이다.

이 차이는 인생의 단계가 바뀌면 '게임의 종목' 자체가 달라진다는 데서 비롯된다. 새로운 종목에서는 그에 맞는 인적 자본과 사회자본이 필요하다. 역할과 기여 방식이 변하는 데는 사회적 조건과 신체적 조건이라는 두 가지 요소가 함께 변화하며 작용한다. 사회적 조건은 조직이나 사회에서의 직위, 혹은 기대되는 역할의 변화를 뜻하고, 신체적 조건은 체력이나 인지 능력 등 개인의 신체 상태의 변화를 의미한다. 예를 들어 조직 내에서 기대되는 역할을 보면, 20대인 인생의 봄에는 주로 현장 실무자로서 해야 할 역할을 준다. 그러다 30~40대인 인생의 여름에는 현장 리더로서 해야 할 역할이, 50~60대에는 조직 전체를 이끄는 리더로서 해야 할 역할을 맡는다. 각각의 역할에는 서로 다른 사고방식과 행동 양식이 요구되며, 특히 기대되는 역할이 바뀌는 시기에 많은 이들이 정체를 겪는다.

앞서 말했듯 위기는 대개 전환점에서 발생한다. 인생도 마찬가지로, 변화가 일어나는 커리어의 전환점에서 실패가 생기기 쉽다. 전환기란 인생의 단계가 바뀌는 시기이며, 이때 요구되는 역할과 기대가 달라진다. 그러나 이전 단계의 사고

방식과 행동에서 벗어나지 못하면 새로운 흐름에 적응하지 못하고 결국 위기를 맞게 된다.

■ 지적 생산성의 정점은 40대?

신체 변화에 대해서도 같은 이야기를 할 수 있다. 예를 들어 새로운 아이디어를 떠올리는 능력(유동성 지능, fluid intelligence)은 일반적으로 스무 살 전후에 최고점을 찍고, 이후에는 나이가 들수록 급격히 저하한다고 알려져 있다. 마치 운동선수가 최고의 기량을 발휘하는 시점이 비교적 명확한 것처럼, 지적 생산에 종사하는 사람들에게도 인생의 정점이 존재하며 이는 어느 정도 예측이 가능하다고 한다.

캘리포니아 대학교의 사회심리학자 딘 키스 사이먼튼(Dean Keith Simonton)은 지적 생산과 관련된 직업군의 생산성을 통계적으로 분석했다. 그 결과 일을 시작한 지 약 20년이 지나면 평균적으로 생산성의 정점을 맞이하고, 이후에는 급격히 하락하는 경향이 있다는 모델을 제시했다. 다시 말해 20대 중반에 일을 시작했다면 40대 중후반, 즉 인생의 여름 후반기에 들어서면서부터 서서히 능력이 쇠퇴하기 시작한다는 뜻이다.

흔히 '중년의 위기'라고 불리는 현상도 사실 이러한 지적 생산 능력의 감퇴와 깊은 관련이 있다. 프로이트와 함께 분석

심리학을 정립하는 데 기여한 카를 구스타프 융은 저서 《심리학과 연금술(Psychology and Alchemy)》에서 40대를 '인생의 정오'라는 아름다운 은유로 표현했다. 융에 따르면 이 시기는 태양이 가장 높이 떠오른 눈부신 순간이자, 동시에 해가 서서히 저물기 시작하는 쓸쓸한 시점이다. 융의 비유는 40대가 인생의 중요한 전환점이라는 사실을 상징적으로 보여준다. 그리고 사이먼튼의 연구는 융의 통찰을 데이터로 뒷받침한다고 볼 수 있다.

이런 이야기를 들으면 이미 인생의 여름 후반이나 가을에 들어선 사람은 다소 의기소침해질 수 있다. 나 역시 인생의 가을에 접어든 사람으로서 어떤 기분인지 잘 이해한다. 하지만 여기서 잠시 생각을 가다듬어야 한다.

사이먼튼의 지적을 고려하더라도 나이가 들며 찾아오는 변화는 피할 수 없는 현실이다. 이러한 변화를 무시하고 전략이나 계획을 세운다면 실패할 가능성이 높다. 그렇기에 해야 할 일은 명확하다. 변화를 부정하거나 회피하기보다는, 삶의 또 다른 전환점으로 받아들이고 그 흐름을 유연하게 통합하는 전략을 세우는 것이다.

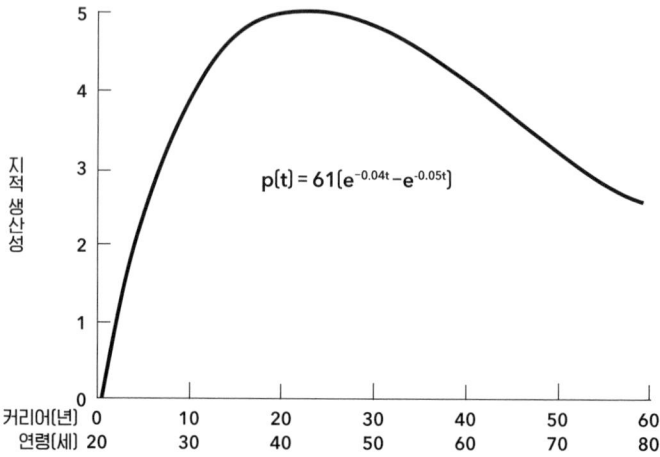

| 그림2-3 | 지적 생산 관련 직업에 종사하는 이들의 직업 생산성

출처: Dean Keith Simonton, 'Age and Creative Productivity: Nonlinear Estimation,' Semantic Scholarhttps://www.semanticscholar.org/paper/Age-and-Creative-Productivity%3A-Nonlinear-Estimation-Simonton/d81bc4308ac6058c63c28bba6c65aa34595ef6fc

■ 인생 후반에는 또 다른 지성을 활용한다

나이가 들면서 겪는 변화가 결코 부정적인 것만은 아니다. 앞서 설명했듯, 인간은 중년에 접어들면 전두엽 피질의 기능이 서서히 저하하면서, 빠른 분석이나 창의적 발상을 하는 데 필요한 유동성 지능은 감소한다. 그러나 이미 알고 있는 개념을 조합하거나 복잡한 개념을 다른 사람에게 쉽게 설명하는 능력, 즉 결정성 지능(crystallized intelligence)은 오히려 발달한다는 사실이 밝혀졌다.

이 책의 후반부에서는 인생의 가을 이후 단계에 들어선 사람들이 조직과 사회에서 맡게 될 역할로, 후배에게 기회를 주고 인재를 키우며 뒷받침하는 서번트 리더십을 다룰 예정이다. 이러한 리더십을 발휘하려면 뛰어난 결정성 지능이 꼭 필요하다.

인생의 각 단계에는 그 시기만의 강점과 약점이 있으며, 단계가 바뀔 때마다 변화를 의식적으로 활용해야 한다. 이는 다양성의 관점에서도 이해할 수 있다. 최근 다양성이라고 하면 여성의 사회 참여를 먼저 떠올리지만, 다양성은 성별을 넘어 여러 가지 축을 포함한다. 그중 하나가 바로 연령이다.

어떤 분야든 경험이 쌓이면 전반적인 능력도 함께 발달한다고 생각하기 쉽지만, 현실은 그렇게 단순하지 않다. 유동성 지능과 결정성 지능만 보더라도 젊은 세대와 나이 든 세대는 서로 다른 강점과 약점을 지니며 보완하는 관계에 있다. 앞으로는 이를 다양성의 시각에서 바라보고, 각자가 잘하는 일을 맡아 상호 보완하는 조직 문화를 만들어 가야 한다.

■ 교훈 3. 장기적 합리성의 중요성

마지막 교훈은 인생에서는 단기적 합리성보다 장기적 합리성이 훨씬 중요하다는 점이다. 이는 경영 전략론의 핵심 원칙과도 맞닿아 있다. 훌륭한 전략은 단기적으로는 비합리적으로 보일 수 있지만 장기적으로 보면 합리적이고, 부분만 보면 이해되지 않아도 전체적으로는 합리적으로 보인다. 이 원칙은 인생 전략에도 그대로 적용된다.

예를 들어 20대 이전 인생의 봄 단계에서 여러 가지 일을 시도하다가 금세 그만두는 사람을 보면, 대부분은 '괜찮을까?' 하고 걱정한다. 단기적 관점에서는 한 가지 일에 꾸준히 몰두하는 것이 자기 성장(인적 자본 축적)이나 신뢰 형성(사회자본 축적) 면에서 더욱 합리적으로 보이기 때문이다. 그러나 그가 30대 이후 인생의 여름에 본격적으로 집중할 분야를 정하기 위해 일부러 젊은 시절에 다양한 시도를 한다면 이야기는 달라진다. 겉으로는 비합리적으로 보이더라도, 장기 전략안에서는 충분히 의미 있는 선택이 될 수 있다. 실제로 성공한 이들의 경력을 살펴보면, 단기적으로는 비합리적으로 보였던 결정이 시간이 흐른 뒤 장기적으로 큰 의미를 갖는 경우가 적지 않다. 많은 이들이 인생의 어느 시점에 주변에서 보기에는 엉뚱하고 즉흥적으로 보이는 선택을 했고, 그 선택이 결정적 전환점이 되었다고 입을 모은다.

애플 창립자 스티브 잡스는 20대 중반까지 대학에서 서예를 배우고, 영적 지도자를 찾아 인도로 떠나는 등 방황하는 것처럼 보이는 시기를 보냈다. 당시에는 미래를 고려하지 않는 행동으로 비쳤지만, 훗날 그는 이 경험이 애플의 경영과 제품 디자인에 깊은 영향을 미쳤다고 회고했다. 실제로 애플 제품의 미학과 철학에는 그 시절의 체험이 고스란히 녹아 있다. 물론 이를 두고 단순히 운이 좋았다고 해석할 수도 있다. 잡스가 젊은 시절 모든 미래를 계획했을 가능성은 작다. 그러나 인생이 전적으로 계획대로 흘러가지 않는다는 점을 받아들인다면, 때로는 막연한 예감이나 끌림에 이끌려 단기적 비합리성을 감수하는 용기도 필요하다.

건축가 안도 다다오 역시 마찬가지다. 그는 한때 프로 복싱 선수로 활동했지만 큰 성공을 거두지 못했다. 이후 세계 각지를 여행하며 수많은 역사적 건축물을 두 눈으로 보고 온몸으로 느꼈다. 당시 주변에서는 '도대체 뭘 하려는 걸까?'라는 의문이 들었을지도 모른다. 그러나 예민한 20대 시절, 온몸의 감각을 총동원해 세계의 건축을 경험한 그 시간은 훗날 그가 평생 창의성을 발휘하는 데 결정적 자양분이 되었다. 단기적으로는 비합리적으로 보였지만, 장기적으로는 탁월한 전략으로 전환된 대표적인 사례다.

■ 단기적 합리성의 함정

어쩌면 평범한 인생 경로에 갇힌 채 사는 우리 대부분이야말로 단기적 합리성의 함정에 빠져 있는지도 모른다.

일본에서는 대학교를 졸업하기 전에 이름 있는 대기업에 취업을 확정하고, 졸업하자마자 일을 시작하는 사람을 흔히 '성공한 인생'으로 여긴다. 반대로 졸업 전에 취업 내정을 받지 못했거나, 졸업 후 일정 기간 취업하지 못하면 '실패한 인생'으로 간주하고, 그 시간을 다른 경험이나 탐색에 쓰는 일은 비합리적이라고 생각한다.

하지만 정말 그럴까? 오히려 변변한 경험도 없고, 기업이나 산업을 평가할 안목도 갖추지 못한 상태에서, 평생 몸담을지도 모를 회사를 선택하는 일이야말로 훨씬 비합리적일 수 있다. 그것도 세계적으로도 드문 '신입 공채'라는 제도에 기대어 말이다.

우리는 어떤 활동에 몰입하게 될지, 어떤 일이 자신과 잘 맞을지를 사전에 예측하기 어렵다. 자신의 잠재력을 최대한 발휘할 무대가 어디인지 알 수 없다면, 다양한 시도를 통해 경험을 쌓고 그 결과를 스스로 검증하는 방식은 결코 비합리적인 것이 아니다. 오히려 매우 합리적인 접근이다.

그러나 장기 계획의 논리를 이해하지 못하는 사람은 이러한 과정을 의미 있는 전략으로 보지 못하고, 오히려 질책하거나 깎아내리기도 한다. 평균 수명을 고려하면 우리의 인생은 80년에 걸친 초장기 프로젝트다. 이렇게 기나긴 여정을 앞두고 단기적 합리성에 매몰된 채 같은 실수를 반복한다면,

이 책이 목표로 하는 '지속 가능한 행복한 삶'은 점점 멀어질 수밖에 없다.

생애 주기 곡선의 흐름을 염두에 두고 긴 시야에서 인생이라는 장기 프로젝트를 그려야 한다. 그래야 세상에서 비합리적이라고 낙인찍는 시도에도 꿈쩍하지 않고, 자신감과 인내심을 가지고 한 걸음씩 자신의 프로젝트를 추진해 나갈 수 있다.

■ 두 피아니스트의 엇갈린 삶

'장기적 합리성과 단기적 합리성'이라는 주제를 생각할 때마다 떠오르는 피아니스트가 두 명 있다. 미국의 반 클라이번과 이탈리아의 마우리치오 폴리니다. 이들의 인생은 지나치게 이른 시기의 명성이 어떻게 이후 커리어를 위협할 수 있는지를 잘 보여준다.

1958년 미국과 소련의 긴장이 극에 달했던 냉전 시기, 소련에서 제1회 차이콥스키 콩쿠르가 열렸다. 이 대회에서 만장일치로 우승을 차지한 인물이 23세의 미국 출신 피아니스트 반 클라이번이었다. 정치적 상징성이 더해진 그는 금의환향과 동시에 국민적 영웅으로 떠올랐고, '클라이번 신드롬'이라 불릴 만큼 폭발적인 인기를 누렸다. 콩쿠르 직후 발표한 차이콥스키 피아노 협주곡 음반은 빌보드 앨범 순위 1위를 기록했는데, 클래식 음반이 정상에 오른 일은 지금까지도 전무후무하다.

그러나 그는 우승 직후 세계 각지에서 과도한 콘서트 일정을 소화하며 단기간에 막대한 수익을 올렸지만, 음악적 깊이를 쌓을 시간은 확보하지 못했다. 결국 피아니스트로서 성장을 멈춘 채 커리어를 마감했다. 단기적 합리성을 좇은 결과가 장기적으로는 비합리적 선택이 된 셈이다.

반면 마우리치오 폴리니는 클라이번보다 더 어린 18세에 1960년 쇼팽 콩쿠르에서 우승했다. 당시 심사위원장이던 전설적인 피아니스트 아르투르 루빈스타인은 '그는 이미 심사위원 중 그 누구보다 뛰어난 테크닉을 가졌다'고 평했다.

이 정도로 주목을 받았다면 화려한 20대를 보냈을 것 같지만, 실제는 달랐다. 폴리니는 콩쿠르 우승 직후 약 10년간 공식 연주 무대에서 물러나 반쯤 은둔에 가까운 생활을 했다. 그 시간 동안 그는 대학에서 물리학을 공부했고, 이탈리아의 명연주자 아르투로 베네데티 미켈란젤리(Arturo Benedetti Michelangeli)에게 사사하며, 이미 세계 최고 수준이었던 테크닉에 인간적 깊이와 음악성을 더해갔다. 그리고 1971년, 우승 11년 만에 본격적으로 국제 무대에 복귀해 음반을 발매했다. 이후 그는 2024년 세상을 떠날 때까지 반세기 넘게 세계 정상급 피아니스트로 자리매김했다. 폴리니도 우승 직후 ,전 세계적인 명성을 활용해 돈을 벌 기회는 무수히 많았을지 모른다. 그러나 그는 연주 활동 대신 경제적 보상이 없는 공부와 연습에 20대의 시간을 투자했다.

폴리니의 선택에는 중요한 교훈이 담겨 있다. 앞서 말했듯, 단기적으로 합리적인 결정이 장기적으로는 비합리적일 수 있고, 반대로 단기적으로 비합리적인 결정이 장기적으로는 최고의 전략이 되기도 한다는 점이다.

03 캐즘

조짐을 읽고
남보다 빠르게 움직인다

◆

기회는 기다릴 줄 알아야 하고,
때가 오면 놓치지 말아야 한다.
_뮐러

앞 장에서는 생애 주기 곡선이라는 개념을 활용해 인생이라는 초장기 프로젝트를 어떻게 설계할 수 있는지 살펴봤다. 이번 장에서는 미국의 마케팅 전문가 제프리 무어(Geoffrey Moore)가 제시한 '캐즘(Chasm, 간극)' 개념을 중심으로, 생애 주기 곡선에서 특히 중요한 '타이밍'에 대해 생각해 보려 한다.

경영 전략을 이야기할 때 우리는 흔히 '무엇을(what)' 또는 '어떻게(how)'에 초점을 맞춘다. 그러나 실제로는 '언제(when)', 즉 타이밍이 훨씬 더 중요한 경우가 많다.

개인이나 조직이 방향은 제대로 설정했다고 느끼는데도

일이 좀처럼 마음먹은 것처럼 풀리지 않을 때가 있다. 그 원인을 깊이 들여다보면, 생각보다 자주 '타이밍이 맞지 않아서'라는 결론에 이른다.

'캐즘'이라는 개념은 바로 이러한 타이밍의 중요성을 이해하는 데 도움을 주는 유용한 프레임워크다. 그림 3-1을 보자. 앞서 소개한 생애 주기 곡선을 바탕으로, 시장에서 새로운 개념이나 상품이 어떤 흐름을 거쳐 수용되는지를 시각화한 그래프다. 이 그래프에 따르면 소비자는 다음과 같은 유형으로 구분된다.

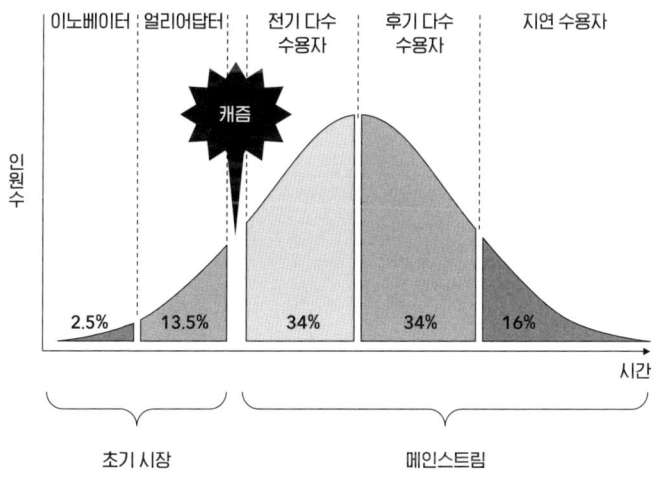

| 그림3-1 | 캐즘이란 이 지점을 넘어서면 시장이 폭발적으로 확대되는 틈

- **이노베이터**(Innovators, 약 2.5%)

새로운 기술과 제품에 강한 호기심을 가지고, 위험을 감수하면서까지 가장 먼저 시도하는 유형

- **얼리 어답터**(Early Adopter, 13.5%)

선견지명을 지닌 사람들로, 새로운 제품의 가능성을 평가한 뒤 자신에게 이득이 된다고 판단하면 과감히 채택하는 유형

- **전기 다수 수용자**(Early Majority, 34%)

실적과 검증을 중시하며, 다른 사람들의 성공 사례를 확인한 후에야 채택을 결정하는 비교적 보수적인 유형

- **후기 다수 수용자**(Late Majority, 34%)

안정성을 최우선으로 생각하며, 주변의 대다수가 이미 사용하는 상황이 되어야 비로소 채택하는 신중한 유형

- **지연 수용자**(Laggard, 16%)

끝까지 새로운 것을 거부하고, 전통적인 방식만을 고수하는 매우 보수적인 유형

시장이든 사회든, 새로운 제품이나 서비스, 개념이 등장했다고 해서 모두가 곧바로 받아들이는 것은 아니다. 일반적으로는 새로움에 대한 저항이 적은 이노베이터 집단이 먼저 수용하고, 시간이 지나면서 점차 더 보수적인 사람들에게까

지 확산해 결국 사회 전반으로 퍼진다.

이러한 수용 과정에서 특히 주목해야 할 구간이 바로 캐즘, 즉 '틈'이다. 캐즘은 얼리어답터와 전기 다수 수용자 사이, 시장 침투율 약 16% 지점에 존재하는 간극을 뜻한다. 이 구간을 넘기 전까지는 시장이 초기 수용자 집단에 머무르지만, 캐즘을 넘어서는 순간 제품이나 서비스는 폭발적으로 확산하며 본격적인 대중 시장에 진입하게 된다.

■ 20%를 넘으면 판도가 바뀐다

조금 다른 이야기지만, 캐즘 개념은 마케팅뿐 아니라 훨씬 더 폭넓은 영역에서 유용하게 적용할 수 있다. 예를 들어 기업 내에서 개혁을 추진한다고 하자. 새로운 비전이나 전략을 전 직원에게 한꺼번에 전달해도, 대부분은 쉽게 받아들이지 않는다. 이런 경우에는 변화에 긍정적인 약 10%의 소수 구성원에게 먼저 다가가 이들을 중심으로 변화 네트워크의 밀도를 높이는 것이 효과적이다. 경험적으로 이 비율이 전체의 약 20%를 넘기면, 조직 전반에 개혁의 분위기가 순식간에 퍼지기 시작한다.

이처럼 시스템 변화는 시간이 흐를수록 서서히 진행되는 것이 아니라, 일정한 임계점을 넘는 순간 급격히 전환되는 경우가 많다. 20%의 벽을 넘긴 직후 나타나는 빠른 확산 현상은 다양한 분야에서 관찰되므로, 꼭 기억해 둘 가치가 있다.

■ 캐즘 전에 시장에 진입한 기업들

캐즘을 넘어선 제품이나 서비스가 폭발적으로 확산한다는 사실은, 캐즘 직전의 타이밍을 포착해서 승부를 건 조직이나 개인이 매우 큰 이득을 얻는다는 의미이기도 하다. 이를 구체적으로 살펴보기 위해, 일본 인터넷 비즈니스의 발전 과정을 돌아보자.

그림 3-2는 일본의 가구 단위 인터넷 보급률 추이를 보여준다. 통계에 따르면 일본은 1996년부터 인터넷 보급이 시작됐으며, 캐즘이라 할 수 있는 보급률 16%를 넘어선 시점은 1999년이었다. 이 시기 이전에 이미 시장에 진입한 인터넷 기업은 다음과 같다.

1996년: 야후 재팬(일본의 대표 포털 사이트)
1997년: 라쿠텐(일본의 대표 온라인 상거래 플랫폼)
1998년: 사이버에이전트(일본의 대표 광고·게임·미디어 플랫폼)

이 세 기업 모두 오늘날까지 일본을 대표하는 인터넷 기업으로 성장했다는 점에서 캐즘 직전에 시장에 진입한 사실은 결코 우연이 아니다. 시장이 폭발적으로 확대되기 직전에

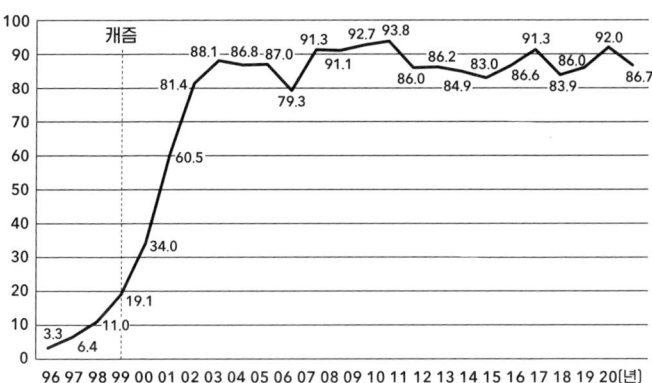

출처: 총무성 정보 통신 정책국 <통신 이용 동향 조사 보고서>

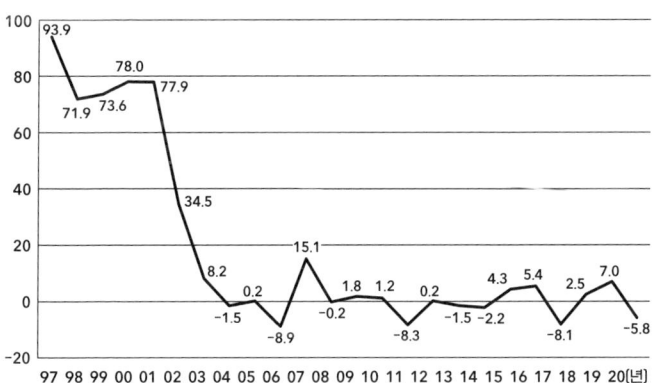

출처: 총무성 데이터를 바탕으로 작성

움직였기에, 이들은 이후 등장한 경쟁자들보다 훨씬 유리한 조건에서 사업 기반을 다질 수 있었다.

■ 성장 시장은 순식간에 폭발한다

그림 3-3은 일본 내 인터넷 가구 보급률의 성장률을 시계열로 나타낸 그래프다. 이를 보면 인터넷이 1990년대부터 2000년대 초반까지는 평균 80%에 가까운 성장률을 기록하며 급격하게 보급되었지만, 2002년 이후에는 성장세가 뚜렷하게 둔화했다.

우리는 흔히 '성장 시장'이라는 표현을 쓰지만, 실제로 시장이 폭발적으로 성장하는 시기는 매우 짧다. 말 그대로 '찰나'에 불과한 경우가 많으며, 이 순간을 잡은 기업과 그렇지 못한 기업의 차이는 시간이 갈수록 커진다.

■ 시기상조가 아니면 이길 수 없다

신규 사업을 논의할 때마다 흔히 '아직 시기상조'라는 반론이 나온다. 하지만 일본의 인터넷 확산 사례를 떠올려 보면, 오히려 모두가 시기상조라고 말하는 시점에 과감히 결단하지 않으면 캐즘 전후의 결정적인 타이밍을 잡아 시장 우위를 확보하기 어렵다.

1990년대 후반, 인터넷 보급이 급속하게 보급되던 시기에 인터넷 사업을 검토한 기업은 적지 않았다. 그러나 대부분은 아직 이르다고 판단하며 결정을 미뤘고, 소프트뱅크의 손정의나 아마존의 제프 베조스처럼 과감하게 뛰어든 경우는 드물었다.

물론 결정을 미룬 이들을 쉽게 비난할 수는 없다. 손정의가 인터넷 사업에 회사의 운명을 걸기로 한 시점은 1995년 무렵이었다. 당시 인터넷 시장은 제대로 된 정부 통계조차 없을 만큼 초기 단계였고, 1996년 일본의 인터넷 가구 보급률은 겨우 3.3%에 불과했다. 지금은 상상하기 어렵지만, 당시 덴쓰 내부에는 '인터넷은 일본에서 유행하지 않고 사라질 것'이라는 냉소적인 시선마저 많았다. 다수의 합의를 중시하는 일본 기업 문화 속에서는 홀로 대담한 결정을 내리기 쉽지 않았을 것이다.

결국 2001년에서 2002년 무렵, 인터넷 보급률이 50%를 넘어서자 비관적인 의견이 줄어들었고, 이 시기를 기점으로 다양한 인터넷 관련 사업이 본격적으로 등장했다. 하지만 앞서 언급했듯 그 시점에는 이미 급속한 성장세에 제동이 걸린 상태였다. 이후 시장에 진입한 기업들은 치열한 레드오션에서 경쟁할 수밖에 없었다.

■ 너무 빨라도, 너무 늦어도 문제

이 논리를 뒤집어 보면, 시장조사 등 객관적인 근거가 충분히 마련된 시점에는 이미 승부가 끝났을 가능성이 높다. 그렇다고 빠르면 빠를수록 무조건 좋은 것도 아니다. 이 점이 전략에서 가장 어렵고 미묘한 부분이다.

인터넷 산업만 보더라도 1990년대 후반에 창업해 크게 성장한 기업은 많지만, 1990년대 전반에 등장한 인터넷 기업은 거의 없었다. (참고로 소프트뱅크는 1980년대에 창업했지만, 초기에는 소프트웨어 유통과 출판이 주력 사업이었고, 인터넷 진출은 1996년 '야후 재팬'을 시작하면서 본격화됐다.)

결국 시장에 뚜렷한 징후가 보일 때까지 기다리면 이미 늦고, 반대로 시장이 움직이기 전 너무 일찍 들어가도 성공하기 어렵다. 누구나 파도가 밀려온다는 사실을 확인한 뒤 서프보드를 들고 뛰어들면 이미 기회를 놓친다. 그렇다고 파도가 나타나기도 전에 바다에 들어가면 제대로 탈 수 없다. 시장 진입의 타이밍은 마치 서핑처럼 절묘해야 한다.

■ 사회 변화를 읽는 미분 렌즈

그렇다면 어떻게 해야 할까. 다소 무책임하게 들릴지 모르지만, 결국 답은 '조짐'을 포착하는 데 있다. 어떠한 큰 변화가 눈에 보일 정도로 뚜렷해지기 전에 변화가 시작되는 미세한 신호를 감지하지 못하면 캐즘의 타이밍을 잡을 수 없다. 이 조짐을 포착하려면 두 가지 요소가 중요하다. 바로 '변화율'과 '핵심 인재'다.

먼저 변화율을 보자. 아마존 창업자 제프 베조스는 1990년대 초반, 헤지펀드에서 일하던 시절 인터넷 시장의 성장률이 향후 2,300%에 이를 것이라는 보고서를 접하고 큰 충격을 받았다. 당시 그는 높은 연봉을 받고 있었지만, 보고서를 읽은 직후 과감히 회사를 떠나 아마존 창업을 결심했다는 이야기는 잘 알려져 있다. 특히 그가 보여준 망설임 없는 조바심은 인상적이다.

베조스는 1994년 뉴욕을 떠나 시애틀로 옮겼고, 이듬해인 1995년 아마존 웹사이트를 열었다. 회의실에서 인터넷은 아직 시기상조라며 시간을 보내던 수많은 일본 경영자들과 달리, 그는 아주 짧은 시간 안에 결단을 내리고 실행에 옮겼다.

베조스가 왜 그렇게 서둘렀을지, 이 책을 읽는 독자라면 이미 눈치챘겠지만 그는 바로 지금이 시장이 폭발적으로 성장하기 직전임을 간파했다. 그렇다면 베조스는 어떻게 그 사실을 알아챌 수 있었을까. 핵심은 그가 주목한 '2,300%'라는 수치다. 대부분의 사람들은 시장성을 평가할 때 현재 시장 규모나 고객 수 같은 정적인 수치에만 집중한다. 그러나 베조스는 '변화율', 즉 수학으로 말하면 미분값에 주목했다. 이는 뛰어난 경영자들이 공통으로 가진 특성이기도 하다. 그들은 사회를 '미분 렌즈'로 관찰하며, 바로 이런 시각이 캐즘의 타이밍을 감지하는 결정적인 차이를 만든다.

■ 핵심 인재가 먼저 알아보는 징후

와이콤비네이터(Y Combinator, 수많은 스타트업 설립에 관여한 대표적인 벤처 투자회사-역주) 공동 창립자 폴 그레이엄은 조짐을 포착하는 법에 대해 이렇게 조언한다.

"예측은 무시하고, 사람에 주목하라."

우리는 어떤 사안의 미래를 가늠하기 어려울 때, 안이하게 전망에 의존하는 경향이 있다. 하지만 그레이엄은 기술 분야에서 장기 예측이 맞아떨어진 사례는 드물며, 여기에 지나치게 의존하면 흐름을 잘못 읽을 수 있다고 경고한다.

그렇다면 어떤 기준을 따라야 할까. 그레이엄은 '사람'에게 주목하라고 강조했다. 그가 말하는 사람이란 특정 분야의 중심에 있는 핵심 인물들이다. 그들의 언행과 관심사, 일상 대화를 관찰하면 변화의 단서를 읽을 수 있다.

이를 잘 보여주는 사례가 유튜브의 투자 과정이다. 지금은 상상하기 어렵지만, 유튜브는 창업 초기에 자금을 확보하는 데 큰 어려움을 겪었고, 벤처 캐피털로부터 무려 200번 넘게 투자를 거절당했다. 이전에 등장했던 영상 공유 플랫폼이 대부분 실패했기 때문에, 투자자들은 유튜브 역시 같은 길을 걸을 것이라며 회의적인 태도를 보였다.

그러나 타이밍의 관점에서 보면 이야기는 달라진다. 인터넷 회선 속도와 영상 품질이 향상되면서, 이전까지는 시기상조였던 사업 모델이 어느 순간 지속 가능한 형태로 바뀌었다. 환경 변화가 임계점을 넘어서는 시점에 타이밍은 곧 기회의 핵심이 된다.

유튜브가 수많은 회의적 시선을 뚫고 투자를 받은 배경은 세쿼이아 캐피털(Sequoia Capital)의 결정 덕분이었다고 해도 과언이 아니다. 그렇다면 그들은 어떻게 가능성을 간파했을까. 답은 '사람'에 있었다. 세쿼이아 캐피털의 파트너 로엘프 보타(Roelof Botha)는 유튜브와 무관한 어느 스타트업 미팅에서, 쉬는 시간에 참석자들이 유튜브 영상을 보며 열띤 대화를 나누는 장면을 목격했다. 그는 그 광경을 보고 유튜브의 잠재력을 직감했고, 이를 계기로 투자를 결정했다고 한다.

이 사례는 '사람에 대한 관찰'이 조짐을 포착하는 데 얼마나 중요한지를 잘 보여준다. 소프트뱅크 손정의 역시 비슷한 맥락에서 이렇게 말한다. "미래는 불균형하게 존재한다." 우리는 모두 같은 날짜를 살고 있지만, 세상의 어떤 곳에서는 이미 미래가 현실이 되어 있다. 그 장소에서 사람들이 나누는 대화와 행동을 살펴보면, 다가올 변화의 조짐을 미리 감지할 수 있다.

04 적응 전략

예기치 못한 사건을
기회로 바꾸는 법

◆

누구나 계획이 있다.
얻어맞기 전까지는.

_마이클 타이슨

여기까지는 생애 주기 곡선을 바탕으로 인생의 마스터플랜을 어떻게 전체적으로 설계할지 살펴보았다. 그러나 인생은 장기전이며, 예기치 못한 사건이 끊임없이 발생한다. 따라서 계획이 아무리 정교하더라도 그 과정에서 경로를 수정해야 하는 순간은 반드시 찾아온다.

인생 경영 전략을 실천하려면 초장기적인 방향성을 항상 머릿속에 두되, 이미 벌어진 예상 밖의 사건을 피하려고만 하기보다는 오히려 긍정적으로 받아들이고 성숙한 방향으로 이끌어야 한다. 전략 이론의 개념으로 표현하면, 인생은 '적응 전략(adaptive strategy) 게임'이라 할 수 있다. 적응 전략이란 기업이나 조직이 고정된 계획에 얽매이지 않고, 사업 추진 과정에서 나타난 기회와 위협에 유연하게 대응하며 자원 배분을 조정해 목표를 달성하는 사고방식이다.

캐나다 맥길대학교의 경영학자 헨리 민츠버그(Henry Mintzberg)는 이 개념의 중요성을 처음으로 강조했다. 그는 마이클 포터가 널리 전파한 포지셔닝 이론이 지나치게 고정적이라고 비판했다. 예측 불가능한 변화가 끝없이 이어지는 오늘날의 경영 환경에서는 이런 접근이 효과를 발휘하기 어렵다는 것이다. 민츠버그는 이에 대한 대안으로 적응 전략의 필요성을 제시했다.

이 문제의식은 개인의 인생 전략에도 그대로 적용된다. 인생이라는 장기 프로젝트에서, 초기 단계에 아무리 세밀하게 포지셔닝 전략을 세운다 해도 수많은 사건을 거치다 보면 전략을 크게 수정하거나, 때에 따라 폐기해야 하는 상황이 생긴다. 우연한 사건을 피할 수 없다면 그 일이 전략과 계획에 미치는 영향을 최소화하려 애쓰기보다 오히려 사건을 계획 속으로 끌어들여 전략을 진화시키는 쪽으로 접근해야 한다.

■ 계획하고, 실행하고, 수정하라

구체적으로 인생에 적응 전략을 적용하려면 어떻게 해야

할까. 핵심은 '계획과 실행을 뒤섞는 것'이다. 우리는 흔히 적응 전략을 '전략 → 실행 → 평가 → 조정'처럼 순차적으로 진행되는 과정으로 생각하지만, 실제로는 그렇게 질서 있게 흘러가지 않는다. 오히려 계획과 실행, 수정이 동시에 반복되는 식에 가깝다.

스탠퍼드대학교의 캐슬린 아이젠하트(Kathleen M. Eisenhardt)와 베남 타브리지(Behnam N. Tabrizi)는 미국, 유럽, 아시아의 컴퓨터 제조업체 36곳에서 진행된 제품 개발 프로젝트 72건을 조사했다. 그 결과, 혁신적인 제품이나 서비스를 성공적으로 만들어 낸 팀일수록 계획에 시간을 오래 쓰기보다는 실행에 더 많은 시간을 투자하는 경향이 있다는 사실을 밝혀냈다.*

우리는 흔히 여러 가능성을 철저히 검토해 치밀하고 정교한 사전 계획을 세울수록 프로젝트가 순조롭게 진행될 것으로 생각한다. 그러나 실증 연구 결과는 정반대였다. 사전 계획에 많은 시간을 들인 프로젝트일수록 진행 속도가 느렸고, 완성된 제품이나 서비스의 경쟁력도 떨어졌다.

반면 성공한 프로젝트팀은 구체적인 세부 계획보다는 가설에 기반한 대략적인 계획을 빠르게 세운 뒤 곧바로 실행에 들어갔다. 실행 과정에서 가설이 검증될 때마다 계획을 새로

* 키스 소여 지음, 이호준 옮김, 《그룹 지니어스 Group Genius》, 북섬, 2008

세우거나 수정하며, 필요에 따라 방향을 바꿨다. 다시 말해, 실행과 계획을 분리하지 않고 실행 과정에 계획과 수정의 사이클을 통합한 것이다.

장기 프로젝트일수록 처음 세운 가설이 빗나갈 가능성은 높다. 예산이 예상보다 초과하거나, 고객 반응이 기대에 미치지 못하거나, 경쟁사가 먼저 유사한 제품을 내놓는 등 다양한 변수가 발생한다. 그렇기에 계획과 실행을 유연하게 섞어 곧바로 대응한 팀일수록 시장에서 성공할 확률이 높았다.

이 논리는 인생이라는 장기 프로젝트에도 그대로 적용된다. 우리는 무엇에 몰입할 수 있을지, 어떤 강점을 발휘할 수 있을지를 미리 명확히 알 수 없다. 우리의 삶은 수많은 가설에서 출발하며, 그것을 하나씩 실험하고 폐기하거나 수정하는 과정을 통해서만 앞으로 나아갈 수 있다. 결국 인생 전략의 성패는 얼마나 신속하게 가설을 검증하고 전략을 조정하느냐에 달려 있다.

■ 유연하게, 때론 과감하게

우리는 처음 세운 전략이나 계획이 뜻대로 되지 않으면 흔히 실패했다고 생각한다. 그러나 이는 어디까지나 해석의 문제다. 계획이 기대와 달리 전개됐다는 사실은, 오히려 초기에 세운 가설이 틀렸음을 확인한 것이고, 이는 전략을 다듬고 발전시키는 데 유효한 피드백이 되기도 한다.

오히려 처음 세운 전략에 지나치게 집착한 나머지, 예기치 못한 변화나 새로운 정보를 받아들이지 못하는 태도야말로 위험하다. 인생은 수많은 가설 위에서 출발하기 때문에 검증이 늦어지면 전략은 계속 취약한 상태에 머물 수밖에 없다. 전략은 시간이 흐른다고 저절로 튼튼해지는 것이 아니라, 빠르게 검증하고 수정할 때 비로소 강도가 높아진다. 인생은 사회와 조직, 개인의 조건이 변화하면서 늘 큰 영향을 받는다. 처음부터 그 모든 변화를 예측하기란 불가능하다. 그러므로 계획은 유연하게 수정하거나 필요하면 과감히 폐기해야 한다.

결국 인생 전략에서 가장 중요한 태도는 집착이 아니라 유연함이다. 예기치 못한 기회와 변화를 열린 자세로 받아들이고, 상황에 맞춰 전략을 조정하는 능력이야말로 적응 전략의 핵심이다.

■ 나의 적응 전략

적응 전략을 정리하다 보니, 내 인생도 결국 적응의 연속이었음을 깨닫는다. 이 책의 앞머리에서 밝힌 것처럼 나는 광고대행사에서 커리어를 시작했다. 입사 초기에는 우선 광고기획자로 경험을 쌓고, 이후 다양한 분야에서 크리에이티브 디렉팅을 해보겠다는 목표를 세웠다. 지금 돌이켜보면 다소 부끄러운 포부다. 하지만 그 계획은 입사한 지 몇 년 만에 무너졌다. 내가 제출한 기획안과 문구는 번번이 퇴짜를 맞았고, 이유도 알지 못한 채 당황했다. 스스로 창의성이 뛰어나다고 생각했던 만큼, 내 제안이 받아들여지지 않는 이유가 이해되지 않았다.

그런데 연말의 어느 날, 예기치 못한 일이 벌어졌다. 클라이언트의 TV 광고에 시청자 항의가 접수되어, 이를 논의하는 대규모 회의가 열린 것이다. 클라이언트의 홍보 이사와 팀원 전체, 우리 회사의 임원과 실무자가 모두 참석했다. 입사 5년 차였던 나는 회의실 한쪽에 앉아 있었고, 회의는 몇 시간째 진전이 없었다. 초조해진 나는 결국 화이트보드 앞으로 나가 회의 내용을 정리하며 말했다.

"논의를 정리하면 대응책은 세 가지뿐입니다. 첫째, 효과를 검증할 데이터가 없으니 클라이언트 측에서 자료를 주셔야 합니다. 둘째, 우리 쪽 데이터도 이번 주 중으로 정리하겠습니다. 셋째, 양측 자료가 모두 확보되면 다음 주 회의에서 최종 결정을 내리면 좋겠습니다. 오늘 회의는 이 정도로 마무리하겠습니다."

갑작스럽게 나선 내 행동에 상사들은 당황했을지 모르지만, 회의에 참석한 모두가 내용을 명확히 이해했고 회의는 곧 종료됐다. 다음 날 국장실로 불려가 혼날 거라 예상했지만,

돌아온 말은 "회의 정리 정말 잘했다. 클라이언트도 고맙다고 했다"는 칭찬이었다. 그때 비로소 나는 창의적인 아이디어보다 복잡한 상황을 구조화하고 정리하는 능력이 내 강점임을 깨달았다. 그리고 이를 계기로 경영 컨설팅 분야로 일의 방향을 바꿨다.

물론 컨설팅 업계로 옮긴 뒤에도 초기 포지셔닝 전략은 기대만큼 작동하지 않았다. 또 한 번 전략을 수정하고, 적응 전략을 실천해야 했다. 그 이야기는 길어지니 여기서는 생략하겠다. 분명한 사실은 인생 초반에 세우는 전략은 수많은 가설 위에 서 있으며, 틀렸다면 수정하거나 폐기하는 것이 당연하다는 점이다. 불확실성이 커지고 장기 예측이 어려운 오늘날에는, 오히려 적응 전략 없이 인생을 계획하는 방식이야말로 더욱 위험할 수 있다.

3장

더 나은 선택을 하는 법

나는 어떤 인생을 살고 싶은가

인생은 수많은 선택의 연속이며, 그중에서도 직업 선택은 인생의 방향을 좌우하는 핵심적인 결정이다. 직업을 고른다는 것은 단순히 생계를 위한 수단을 정하는 차원을 넘어선다. 이는 우리가 사회와 어떤 방식으로 관계를 맺을지, 그리고 자신만의 가치를 어떻게 실현하고 표현할지를 결정하는 과정이기도 하다.

이번 장에서는 직업 선택을 하나의 전략적 의사결정으로 바라보는 관점을 다룬다. 자신의 가치관과 목표를 기반으로 더 나은 선택을 하기 위해서는 무엇을 고려해야 하는지 살펴본다. 이를 위해 경제학, 심리학, 게임이론 등 다양한 관점에서 직업 선택 과정을 분석하고, 독자가 자신의 진로를 결정할 때 참고할 수 있는 구체적인 지침을 제시하고자 한다.

05 포지셔닝 전편

5포스 모형으로
내 자리를 찾는다

━━━━ ◆ ━━━━

인터뷰어: 아티스트로서 성공하기 위한 비결은 무엇인가요?
앤디 워홀: 적절한 때에, 적절한 장소에 있는 거요.

앤디 워홀이 툭 던지듯 내뱉은 무뚝뚝한 대답은 경영 전략론에서 말하는 '포지셔닝 이론'의 핵심을 절묘하게 드러낸다. 포지셔닝 이론은 예술가와 마찬가지로 기업 역시 '적절한 때, 적절한 장소'에 있어야 한다는 점을 강조한다.

    이 이론에 따르면, 기업의 장기적 경쟁우위는 내부 자원이나 역량보다도 기업이 처한 환경과 위치에 더 크게 좌우된다. 하버드대학교의 마이클 포터는 포지셔닝 이론의 창시자로 평가받는데, 그는 1980년 저서 《마이클 포터의 경쟁전략(Competitive Strategy)》에서 이 개념을 처음으로 체계화했다. 이 책은 경제학의 한 분야인 산업조직론을 토대로 쓰였다.

포터는 흔히 '경쟁 전략론'의 창시자로만 알려졌지만, 본래 경제학을 전공했고 박사 학위 역시 경제학으로 받았다. 경제학의 궁극적인 목표는 사회적 후생을 극대화하는 데 있다. 즉, 시장에서 건전한 경쟁이 이루어지고 독점이 억제되며, 사람들이 적정한 가격에 필요한 재화를 얻을 수 있는 구조를 이상적인 사회로 본다.

하지만 이 시각을 뒤집으면 전혀 다른 풍경이 보인다. 사회 전체의 관점에서는 독점이 해롭지만, 개별 기업의 입장에서는 독점 상태에서 폭리를 취할 수 있다면 그야말로 이상적인 상황이다. 포터는 바로 이 지점을 파고들었다. 그는 경제학의 문제의식을 경영학으로 전환하는 발상의 전환을 시도했다. '더 나은 사회를 만들기 위해 어떤 경제 정책이 필요한가?'라는 루소적 질문이 '개별 기업이 더 큰 이익을 얻으려면 어떤 전략을 써야 하는가?'라는 마키아벨리적 질문으로 바뀐 셈이다. 그런 의미에서 마이클 포터는 '경제학 출신의 타락한 천사'라 부를 만하다.

나는 그의 글을 읽을 때마다 묘하게 원한 같은 열기를 느낀다. 무엇이 그를 이렇게 극적으로 바꾸어 놓았을까. 가능하다면 직접 물어보고 싶지만, 지금은 이야기를 여기서 멈추고 다시 본론으로 돌아가자.

■ 방송국 연봉이 높은 진짜 이유

구체적인 사례로 살펴보자. 다음 그림 5-1은 일본에서 연봉이 높은 상위 10개 기업의 순위를 2004년과 2022년으로 나누어 비교한 표다.

2004년 자료에서 먼저 눈에 띄는 점은 상위권에 방송국이 여럿 포함되어 있다는 사실이다. 물론 이는 급여 정보가 공개된 기업에 한정된 통계이지만, 당시 일본에서 월급을 가장 많이 주는 상위 10곳 중 절반이 도쿄의 주요 방송국이었고, 나머지 한 곳도 방송국과 긴밀한 관계를 맺고 있는 광고 대행사였다. 그러나 2022년 순위에서는 TBS 홀딩스를 제외한 이들 기업이 모두 순위 밖으로 밀려났다.

왜 이런 변화가 일어난 걸까. 만약 각 기업이 서로 다른 흐름을 보였다면 이를 개별 기업의 경영 능력 차이로 설명할 수 있었을 것이다. 하지만 업계 전체가 비슷하게 순위에서 사라졌다면, 이는 단순히 경영 능력의 문제가 아니라 더 근본적인 구조적 요인이 작용했음을 의미한다.

마이클 포터는 이런 현상을 포지셔닝의 문제로 설명한다. 포지셔닝 이론에 따르면 기업의 수익성은 기업이 어떤 위치에 있고 어떤 환경에 놓여 있는지에 따라 크게 좌우된다.

예를 들어 규제가 심하고 경쟁자가 적어 신규 진입의 위협이 거의 없는 업계는 일반적으로 높은 수익성을 유지할 수

| 그림5-1 | 일본에서 연봉이 높은 기업 순위 상위 **10개**

2004년 연봉 순위

순위	회사명	평균연봉(만 엔)
1	후지 미디어 홀딩스(방송국)	1529
2	도쿄해상홀딩스(손해보험)	1507
3	아사히 방송 그룹 홀딩스(방송국)	1486
4	닛폰텔레비전 홀딩스(방송국)	1482
5	스파크스 그룹(자산운용)	1478
6	TBS 홀딩스(방송국)	1429
7	TV 아사히 홀딩스(방송국)	1358
8	덴쓰 그룹(광고기획)	1316
9	키엔스(자동차설비)	1228
10	스미토모 상사(종합상사)	1202

2022년 연봉 순위

순위	회사명	평균연봉(만 엔)
1	M&A 캐피탈 파트너스(인수합병)	2688
2	키엔스(자동차설비)	2183
3	휴릭(부동산)	1803
4	이토추 상사(종합상사)	1580
5	미쓰비시 상사(종합상사)	1559
6	미쓰이물산(종합상사)	1549
7	마루베니(종합상사)	1469
8	TBS 홀딩스(방송국)	1450
9	노무라 홀딩스(금융)	1441
10	스트라이크(자산운용)	1433

출처: 일본 경제주간지 동양경제 온라인(Toyo Keizai Online)
https://toyokeizai.net/articles/-/796398?page=2 %

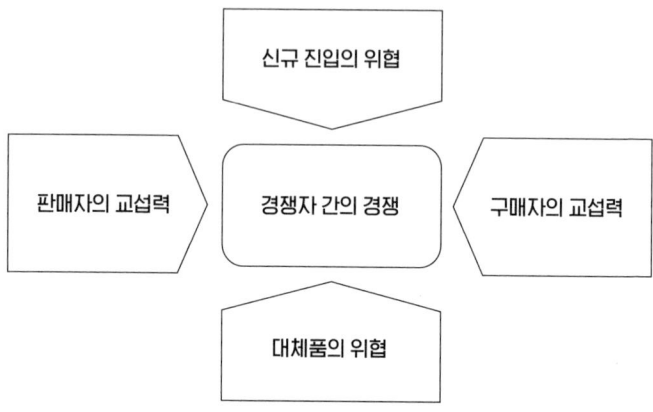

| 그림5-2 | 마이클 포터의 다섯 가지 힘

있다. 마찬가지로 소비자에게 다른 선택지가 없어 가격 협상력이 낮은 시장에 있는 기업도 높은 수익을 올리기 쉽다.

■ 입지의 매력도를 측정하는 기준

마이클 포터는 특정 기업이나 산업의 포지셔닝 매력도와 안정성을, 해당 기업을 둘러싼 다섯 가지 힘(5 Forces)으로 분석할 수 있다고 보았다. 그림 5-2는 경영 전략론에서 가장 널리 알려진 프레임워크 중 하나로, 각 힘은 다음과 같이 설명된다.

• **기존 경쟁자 간의 경쟁**(Rivalry among Existing Competitors)

동일 산업 내 기존 기업들 사이의 경쟁 강도를 뜻한다.

경쟁이 치열할수록 가격 인하 경쟁이나 수익률 하락이 나타나기 쉽다. 경쟁이 심화하는 요인으로는 기업 수가 많거나 제품 차별화가 부족한 경우, 고정비 부담이 큰 경우 등이 있다.

- **신규 진입의 위협**(Threat of New Entrants)

새로 시장에 진입하려는 기업이 기존 시장에 가하는 압박을 의미한다. 진입 장벽이 낮은 산업일수록 신규 진입자가 늘어나 기존 기업의 시장 점유율이 잠식될 가능성이 크다. 규모의 경제, 브랜드 인지도, 정부 규제, 초기 투자 요건 등이 진입 장벽의 예다.

- **대체재의 위협**(Threat of Substitutes)

해당 제품이나 서비스를 대체할 수 있는 상품이 시장 경쟁에 미치는 영향이다. 대체재가 많고 가격 대비 품질이 우수할수록 가격 경쟁이 심해지고, 그 결과 수익성이 낮아질 위험이 커진다.

- **구매자의 교섭력**(Bargaining Power of Buyers)

구매자가 가격, 품질, 조건 등에 대해 얼마나 협상력을 갖는지를 나타낸다. 구매자가 소수거나 대체재가 많은 경우 협상력이 강해져 기업의 가격 결정권이 약화할 수 있다.

- **공급자의 교섭력**(Bargaining Power of Suppliers)

원자재나 부품을 공급하는 업체가 가지는 협상력을 뜻한

다. 공급자가 소수거나 규모가 클 경우 가격 인상이나 품질 저하 등 요구가 시장에 강하게 반영될 가능성이 크다. 반대로 공급자가 다수거나 규모가 작으면 협상력은 약화된다.

■ 방송 업계가 겪은 변화의 흐름

이러한 프레임워크를 바탕으로 주요 방송국에 일어난 변화를 분석해 보면, 포지셔닝의 개념을 더욱 잘 이해할 수 있다. 먼저 2004년 이전 방송국의 포지셔닝을 5포스의 관점에서 살펴보면 다음과 같다.

- **기존 경쟁자 간의 경쟁**

당시 TV 방송국은 수가 한정되어 있었고, 방송 면허 취득과 설비 투자에 막대한 비용이 필요했다. 경쟁이 심하지 않아 가격 경쟁이 발생하기 어려웠고, 높은 수익을 유지하기 유리했다.

- **신규 진입의 위협**

TV 방송국 설립에는 대규모 자본과 정부 규제(방송 면허)가 필수였기 때문에 진입 장벽이 매우 높았다.

- **대체재의 위협**

당시에는 가정에서 무료로 즐길 수 있는 엔터테인먼트가

거의 없었다. 신문·잡지·라디오가 있었지만 영상 제공은 불가능해 TV를 위협할 만한 수준은 아니었다.

• 구매자의 교섭력

TV 광고는 대규모 시청자에게 도달할 수 있는 유일한 매체였다. 광고주는 방송국에 의존할 수밖에 없었고, 그만큼 교섭력이 약했다.

• 공급자의 교섭력

방송국에 콘텐츠를 제공하는 제작사는 대체로 소규모였고 수가 많았다. 반면 방송국은 적어 제작사 입장에서 다른 판매처가 거의 없었기에 협상력이 낮았다.

포터의 5포스 프레임워크로 보면, 당시 TV 방송국은 거의 모든 요인에서 유리한 위치를 차지하고 있었다. 그러나 이 안정적인 구도는 인터넷 보급과 함께 급격히 흔들렸다. 회선 속도가 빨라지고, 온라인에서 무료로 즐길 수 있는 동영상 콘텐츠가 폭발적으로 늘어나면서, 시청자의 눈과 시간을 붙잡고 있던 TV의 독점적 지위가 서서히 무너졌다.

결과적으로 그림 5-3과 같은 변화가 나타났고, 이러한 요인들이 앞서 살펴본 연봉 순위의 변화를 이끌었다.

참고로 나는 2000년에 광고 회사에서 퇴사했는데, 그렇

| 그림5-3 | 인터넷 보급에 따른 방송국 업계의 변화

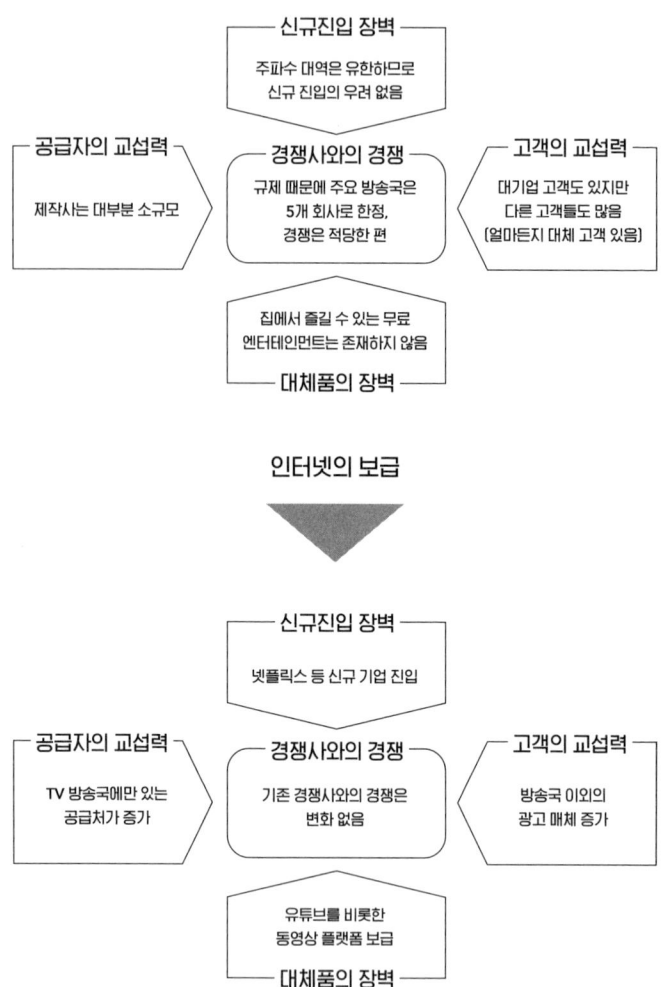

게 결정한 배경에도 앞서 언급한 5포스 분석이 있었다. 광고 산업은 경기 변동에 매우 민감하게 반응하며, 시장 규모는 GDP 증감과 밀접하게 연동된다. 일본의 명목 GDP와 광고 시장 규모의 상관계수는 0.7~0.8 수준이었고, 당시 일본 GDP는 더 이상 성장하기 어려운 상황이었다. 이는 곧 내가 몸담고 있던 광고 산업도 성장 가능성이 낮다는 뜻이었다. 물론 그때만 해도 업계는 방송 면허라는 장벽 덕분에 안정적으로 보호받고 있었고, 내부적으로는 '팍스 메디아나(Pax Mediana)'라고 불릴 만큼 평화로운 번영을 누렸다.

하지만 이런 상황 속에서 인터넷이라는 새로운 미디어가 등장했다. 시장이 커질 여지가 없는 상태에서 새로운 매체가 생기면 광고 재원이 분산되고, 매체 단가는 떨어질 수밖에 없다. 단가가 하락했는데도 기존 수준의 매출을 유지하려면 거래량을 늘려야 하고, 이는 필연적으로 노동 환경 악화를 불러온다.

나는 업계가 장기적으로 수익성이 떨어지고 근무 환경이 악화할 것이라는 결론에 도달했다. 실제로 이 책을 집필하던 2024년 11월, 니혼TV 계열 자회사 네 곳이 경영 환경 악화를 이유로 통합을 발표했는데 이는 20년 전에도 충분히 예견할 수 있던 사태다. 당시 입사 6년 차였던 나는 장기적인 하락세가 불가피하다고 본 이상, 아무리 회사의 복지 혜택이 좋더라도 떠나지 않으면 후회할 것이라는 확신이 들어 퇴사를 결심했다.

■ 결단은 용기나 포부의 문제가 아니다

종종 이직이나 이주 결정을 앞두고 '나는 그럴 용기도, 포부도 없어'라고 말하는 사람들이 있다. 그러나 인생 전략에서의 중요한 결정은 단순히 용기나 포부의 문제로만 봐서는 안 된다. 핵심은 용기나 포부가 아니라, 자신이 속한 업계의 미래를 얼마나 논리적으로 깊이 고민해 왔는지, 그리고 그 고민이 얼마나 축적되었는지다. 치열하게 생각한 끝에 현재 업계의 전망이 어둡다고 결론 내렸다면, 용기나 포부가 부족하더라도 자연스럽게 그곳을 떠나기 위해 행동하게 된다.

■ 개인에게도 그대로 적용되는 이야기

앞에서는 방송국이라는 산업을 사례로 포터의 5포스 프레임워크를 분석했지만, 이 논리는 개인에게도 똑같이 적용된다. 개인을 하나의 프로젝트로 본다면, 수익성 역시 어디에 자리 잡느냐, 즉 포지션에 따라 달라진다. 특히 다섯 가지 힘 중 '경쟁자와의 경쟁'과 '대체재의 위협'은 개인의 인생 전략에서도 매우 중요하다.

먼저 '경쟁자와의 경쟁'을 보자. 우리는 기술이나 지식을 배울 때 그것이 노동시장에서 얼마나 평가받는지를 먼저 생각한다. 하지만 실제로는 그 능력을 갖춘 사람이 얼마나 되는지, 앞으로 얼마나 더 늘어날지도 함께 고려해야 한다. 수요보다 공급이 많은 기술이나 능력은 시간이 지날수록 가치가 떨어질 수밖에 없다.

■ 인재의 가치는 수요와 공급에 따라 결정된다

노동시장에서 사람들은 자신의 가치를 높이기 위해 외국어를 배우거나 기술을 익히는 등 다양한 노력을 한다. 그렇다면 그 가치는 무엇으로 결정될까. 흔히들 능력이나 지식수준이라고 답하지만, 이는 맞는 말이면서도 불완전하다.

아무리 뛰어난 능력이나 지식이라도 수요에 비해 공급이 넘치면 시장은 그 가치를 높게 평가하지 않는다. 노동시장에서의 포지셔닝을 고민할 때는 반드시 이 사실을 기억해야 한다. 능력이나 지식의 절대적 수준보다, 시장에서의 수요와 공급의 균형이 가치의 크기를 좌우한다.

■ 유행하는 자격이나 학위의 함정

경쟁 전략론의 관점에서 보면, 유행하는 자격증이나 학위를 따는 데 시간을 쓰는 것은 시간자본을 활용하는 방식 중 가장 비효율적인 선택이다. 유행한다는 말은 곧 공급이 급격히 늘어난다는 뜻이기 때문이다. 노동시장에서의 가격은 능력이나 지식의 절대적 가치보다 수요와 공급의 균형에 따라 결정된다. 앞으로 공급이 빠르게 늘어날 것이 뻔한 분야에 시간을 투자하는 것은 전략적으로 현명하지 않다.

반대로, 수요에 비해 공급이 적은 기술이나 지식은 노동시장에서 높은 가치를 인정받는다. 전 세계적으로 AI 인재의 연봉이 급등하는 현상이 대표적이다. AI에 대한 수요는 폭발적으로 증가하는 반면, 관련 인력은 턱없이 부족하다. 그 이유는 의외로 단순하다. 과거에는 이 분야가 인기가 없었기 때문이다. 1980년대 제2차 AI 붐 이후, 1990년대에는 'AI의 겨울'이라 불릴 만큼 연구 분위기는 어두웠고, 관련 학위를 취득하는 학생 수도 급감했다. 이런 상황에서 충분한 인력 공급 없이 제3차 AI 붐이 시작되면서 오늘날과 같은 불균형이 나타났다.

주식 투자에도 같은 논리를 적용할 수 있다. 인기를 끄는 종목은 주가가 오르지만, 그만큼 고점 매수 위험도 커진다. 인적 자본에 적용해 본다면 유행하는 분야를 좇기보다 오히려 역발상 접근이 장기적으로 더 유리할 수 있다.

■ 기술 발전이 불러온 대체재의 위협

대체재의 위협은 기술 발전과 맞물리면서 더욱 빨라지고 있다는 사실을 간과해서는 안 된다. 지금껏 많은 직업들이 기술 발전에 따라 짧은 시간 안에 노동 시장에서 사라졌다.

산업혁명 이후 기계는 인간의 육체노동을 대체했고, 이제는 단순한 육체노동을 넘어 인지 노동까지 빠르게 대체하는 흐름이 뚜렷해지고 있다. 2000년대 초반만 해도 외국계 투자은행의 도쿄 지점에는 수백 명의 트레이더가 근무했고, 그들 중에는 수십억 원대 보수를 받는 이들도 적지 않았다. 하지만 지금은 그들의 업무 대부분이 컴퓨터로 자동화됐다. 불과 20년 만에 고소득 직종 하나가 사라진 셈이다.

인지 노동의 대체는 법조계에서도 나타난다. 2019년, 일본 최대 로펌 중 하나인 나가시마·오노·쓰네마쓰(NO&T)는 변호사 업무에 AI를 도입하겠다고 발표했다. 기존에 변호사가 2주 걸리던 M&A 계약서 검토를 AI는 최단 15분 만에 끝낼 수 있으며, 품질 편차도 거의 없다고 한다. 변호사는 일반적으로 화이트칼라 중에서도 최고 수준의 지적 능력을 요구하는 직업이라는 인식이 강했다. 그중에서도 상위권 인재가 며칠에 걸쳐 수행하던 작업을 기계가 단시간에 처리할 수 있는 시대가 열린 것이다.

지금은 AI가 투자은행이나 로펌 같은 고소득 전문직의 인지 노동을 대체하는 단계에 있지만, 기술 비용이 더 낮아지면 훨씬 폭넓은 인지 노동 영역이 AI에 의해 대체될 가능성이 크다.

■ AI 시대에 살아남는 세 가지 전략

그렇다면 우리는 이러한 위협에 어떻게 대응해야 할까. 크게 세 가지 방법이 있다.

첫 번째로는 정답이 있는 일을 피하는 것이다. AI는 정답을 도출하는 기계이므로, AI가 보편화된 사회에서는 정답이 과잉 공급된다. 경제학의 기본 원리에 따라 과잉 공급된 대상의 가치는 떨어지고, 이는 곧 획일화(commoditization, 차별성이 사라지고 가격 중심의 경쟁이 심화되는 현상-역주)를 불러온다. 결과적으로 정답을 찾는 능력의 가치가 하락하며, 그 능력을 요구하는 직업의 수익도 줄어든다.

일본에서는 여전히 입시에서 높은 점수를 받는 사람을 우수하다고 평가하는 경향이 강하지만, 입시 성적은 어디까지나 정답을 정확히 찾는 능력을 보여주는 지표일 뿐이다. 앞으로는 우수한 인재의 기준 자체가 바뀔 가능성이 크다.

두 번째는 감성, 감정 지능을 높이는 것이다. 앞서 말했듯 인지 지능은 앞으로 과잉 공급될 가능성이 높지만, 세상에는 인지 능력 못지않게 감성이나 감정 지능이 중요한 일이 많다. 예를 들어 내가 오래 몸담아 온 경영 컨설팅, 인재 육성, 조직 개발 분야에서는 인지 지능보다 클라이언트의 감정을 읽어 내고 움직이는 능력이 더 중요하게 작용한다. 현재로서는 이 영역만큼은 인간이 인공지능보다 앞서 있다.

세 번째는 문제 제기 능력을 높이는 것이다. 정답을 도출하는 능력이 과잉 공급된다고 해서 전체 생산성이 곧바로 높아지지는 않는다. 약 250년 전 산업혁명 시기, 플라잉 셔틀(Flying Shuttle, 씨실을 자동으로 양쪽으로 보내주는 장치-역주)이 발명되면서 직조 공정의 생산성은 크게 향상됐지만, 전체 생산성은 크게 개선되지 않았다. 이전 단계인 방적 공정의 생산성이 여전히 낮았기 때문이다. 대부분의 일은 여러 공정이 연결돼 있어, 한 공정의 효율만 높아지면 병목이 다른 단계로 옮겨갈 뿐, 전체 효율은 그다지 향상되지 않는다. 이 점을 반대로 생각하면, 병목이 옮겨가는 순간이 새로운 기회의 시작점이라 할 수 있다. 병목이 발생하는 공정의 생산성을 개선하면 전체 프로세스의 개선으로 인해 발생하는 수익의 상당 부분을 가져갈 수 있기 때문이다.

AI로 인해 정답 도출 능력이 과잉 공급되면, 그 앞 단계인 과제 설정 과정에서 병목이 생긴다. 문제를 해결하려면 먼저 문제를 정의해야 하는데, 이때 얼마나 질 높은 질문을 던질 수 있는지가 중요하다. AI가 과도하게 만들어 내는 수많은 정답을 진정한 가치로 바꿀 수 있을지는 여기에 달려 있다.

그렇다면 문제 제기 능력은 어떻게 높일 수 있을까. 방법은 다양하겠지만 내가 생각하는 유일한 길은 인문 교양, 즉 리버럴 아츠(Liberal Arts)다. 인문 교양은 자유롭게 사고하는 기술이다. 사람들이 상식이라 믿으며 의심 없이 받아들인 현실의 부조리에 대해 '정말 옳은가?', '정말 아름다운가?'라고 묻고, 기존과는 다른 더 나은 모습을 상상하는 힘이기도 하다.

AI가 인간의 '주어진 문제에 정답을 도출하는 노동'을 대체하는 지금, 인간이 맡아야 할 가장 중요한 역할은 그동안 아무도 묻지 않았던 문제를 제기하는 일이다. 그리고 그 일을 해내기 위해서는 인문 교양이 반드시 필요하다.

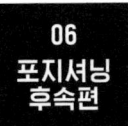

계속 움직이면서
머무를 곳을 찾아낸다

―― ◆ ――

전쟁에서 위치는
모든 것을 결정한다.

_나폴레옹

앞장에서는 마이클 포터가 제시한 포지셔닝 이론을 통해 산업이나 조직의 수익성이 업계의 구조적 조건에 따라 크게 달라질 수 있음을 살펴봤다. 이번 장에서는 그 연장선에서 물리적 입지와 경쟁우위의 관계를 좀 더 깊이 분석해 보자.

■ '어디에 있는가'라는 원초적인 질문

구약성서 《창세기》에서 아담과 이브는 금지된 지혜의 열매를 먹은 사실이 드러날까 두려워 숲속에 몸을 숨긴다. 그러자 신은 그들에게 "너희는 어디에 있느냐?"라고 묻는다. 구약과 신약 전체를 통틀어 신은 인간에게 수많은 질문을 던지지만, 이 질문이야말로 최초로, 그리고 가장 원초적으로 던진 물음이다.

전지전능한 신은 이미 아담과 이브의 위치를 알고 있었다. 그럼에도 굳이 "너희는 어디에 있느냐?"라고 묻는 이유는, 아담과 이브가 '왜 나는 여기 있는가', '왜 이런 일이 일어났는가'를 스스로 생각하게 하기 위해서다.

이 질문은 인생 전략을 고민할 때도 깊은 의미가 있다. 인생 전략에서 위치는 생사를 가를 만큼 중요한 요소다. 많은 이들이 그 중요성을 간과하지만, 위치는 우리 삶에 결정적인 영향을 미친다.

■ 능력보다 입지를 바꾸자

포지셔닝 이론에 따르면, 기업의 경쟁우위는 보유한 자원이나 능력보다 어떤 입지와 환경에 놓여 있는지가 더 큰 영향을 미친다. 이 관점에서 보면, 조직이나 개인이 경쟁우위를 발휘하지 못할 때는 자원이나 능력을 어떻게 키울 것인가보다 '입지와 환경을 어떻게 바꿀 것인가'를 먼저 고민해야 한다.

많은 사람은 상황을 개선하려 할 때 기술이나 지식을 습득하는 방법, 즉 이 책에서 말하는 인적 자본을 보강하는 방식을 가장 먼저 떠올린다. 그러나 우리에게는 언제든 위치나 환경을 바꾸는 선택지가 존재한다는 사실을 잊지 말아야 한다.

■ 원격근무가 만든 전국 단위의 경쟁 시대

위치 선택은 원래도 쉬운 문제가 아니었지만, 오늘날 원격근무가 보편화되면서 상황은 한층 복잡해졌다. 물론 최근 다시 사무실 출근 체제로 회귀하는 기업도 늘고 있어, 앞으로 원격근무가 얼마나 정착할지는 불확실하다. 그러나 과거와 똑같은 방식으로 돌아가기는 어렵다고 보는 사람이 더 많다.

원격근무란 거주지와 일터가 분리된다는 뜻이며, 이는 커리어 측면에서 '위치 전략'에 큰 영향을 준다. 예를 들어, 원격근무가 일반화되기 전에는 특정 지역의 기업이 디자인을 발주하면 대개 같은 지역에 거주하는 디자이너에게 일을 맡겼다. 업무 진행 과정에서 직접 만나 소통하는 방식이 중요했기 때문이다. 그러나 지금은 굳이 가까운 곳의 디자인 회사나 디자이너를 고를 이유가 없다. 비용 대비 효율이 높다면 멀리 떨어져 있어도 문제없다.

과거에는 지역 내 시장에서 상위권에 들면 생계를 유지할 수 있었지만, 위치의 제약이 사라지는 순간 경쟁 무대가 전국으로 확대된다. 이제는 전국에서 상위권에 들어야만 생존할 수 있다.

반대로, 전국 단위에서 경쟁력을 갖춘다면 예전에는 닿지 못했던 머나먼 지역의 고객과도 거래할 수 있어 매출 확대의 기회가 생긴다. 원격근무가 만든 새로운 노동시장은 곧 전국 규모의 시장인 셈이다.

더 나아가 일본의 노동시장은 아직 언어 장벽 덕분에 외부로부터 어느 정도 보호받고 있다. 그러나 자동 번역 기술이 발전하고 보급되면 이 장벽도 점차 낮아질 것이다. 그렇게 되면 전국 단위를 넘어 전 세계를 무대로 경쟁하는 시대가 머지않아 올 수 있다.

■ 입지와 성과의 함수

원격근무가 확산하면서 앞으로는 노동시장을 바라보는 시선도 달라질 것이라는 견해가 나온다. 이에 대해 일이란 결국 사람을 직접 만나서 하는 것이므로 원격근무에는 본질적인 한계가 있다는 반론도 충분히 제기될 수 있다. 일에 대한 관점은 사람마다 다르니 그러한 생각도 어느 정도 이해할 수 있다. 다만 짚고 넘어가야 할 점은, 거리와 성과의 관계는 업무 성격에 따라 달라질 수 있다는 사실이다.

이를 개념적으로 나타낸 것이 그림 6-1이다. 세로축은 성과, 가로축은 입지를 나타낸다. 예를 들어, 후쿠오카에 있는 기업 A가 지방에 거주하는 디자이너 B와 도쿄에 거주하

그림6-1 | 입지와 성과의 함수

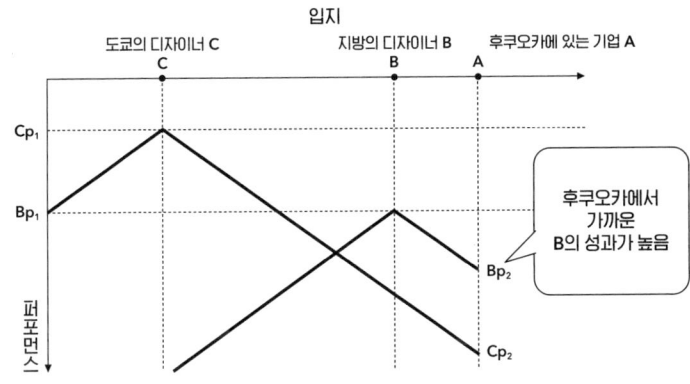

원격근무 도입

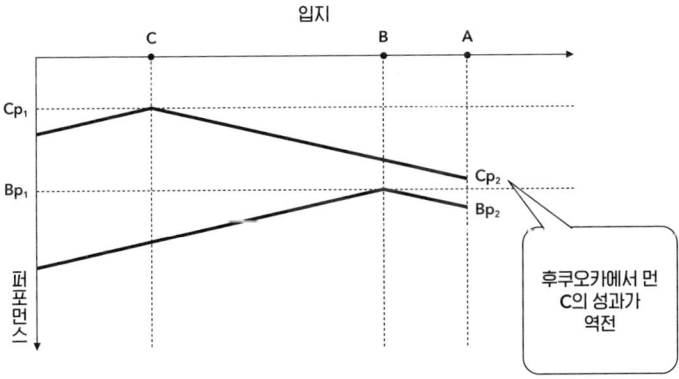

는 디자이너 C에게 각각 일을 발주하는 상황을 가정해 보자.

이론적으로 최대 성과를 비교하면, C의 최대치는 $Cp1$, B의 최대치는 $Bp1$로 C가 더 높다. 그러나 실제 업무에서는 거리 제약으로 성과가 저하된다. 그 결과 기업 A의 입장에서 보면 두 사람의 실질 성과는 각각 $Cp2$와 $Bp2$가 되고, 이 경우 오히려 지방의 B가 도쿄의 C보다 더 높은 성과를 낼 수 있다.

하지만 원격근무 환경이 충분히 갖춰지면 거리가 멀어도 성과가 크게 떨어지지 않는다. 다시 말해, 그래프의 기울기가 완만해지면서 아래 그림과 같은 형태로 변한다. 기울기가 완만해지면 $Bp2$와 $Cp2$의 성과가 역전되어, 그동안 거리상의 이점으로 선택받았던 B를 굳이 고를 이유가 사라진다.

원격근무 도입에 따른 이 기울기의 변화 폭은 해당 업무가 정보재에 얼마나 의존하는지에 따라 달라진다. 예를 들어 농업, 어업. 제조업처럼 실물 재화를 다루는 직종이나, 마사지나 요식업처럼 물리적 서비스를 제공하는 직종은 원격근무가 도입되더라도 거의 변화가 없다. 반면 사무직 대부분은 원격근무가 본격화되면, 그동안 위치 덕분에 누려왔던 우위가 약해지면서 상당한 영향을 받을 수 있다.

■ 지역 중심에서 전국 틈새시장으로

이러한 변화가 본격화되면 시장을 바라보는 관점 자체를

바꿔야 한다. 원격근무가 보편화되기 전까지 우리는 시장을 대체로 '지역×직종'이라는 틀로 인식했다. 예를 들어 '후쿠오카×디자인', '도쿄×프로그래밍' 같은 방식이다.

지역별로 시장을 구분하면 규모가 작아지고, 축소된 시장에서 매출을 확보하려면 해당 지역에서 발생하는 다양한 요구에 대응해야 한다. 결국 좁은 시장에서 여러 니즈를 수용하는 '로컬 중심 경쟁 전략'이 기본이 된다.

하지만 원격근무가 보편화된 직종에서는 시장이 전국으로 확장되며 '지역'이라는 축이 사라진다. 이 상황에서 여전히 다양한 니즈에 두루 대응하는 전략을 유지하면, 전국 시장 속에서 독자적인 포지셔닝을 확보하지 못한 채 경쟁에 묻히기 쉽다.

정리하면, 원격근무가 일반화된 직종에서는 특정 지역에서 다양한 니즈를 수용하는 로컬 중심 경쟁 전략에서 전국 단위로 특정 니즈에 특화하는 틈새시장 경쟁 전략으로 전환이 필요하다.

이를 그림으로 나타낸 것이 그림 6-2다. 세로축은 고객 니즈의 다양성, 가로축은 시장의 지리적 범위를 나타낸다.

예를 들어 디자이너를 생각해 보자. 과거에는 각 지역에 거점을 둔 디자이너가 해당 지역의 다양한 요구에 대응하며 매출을 유지했다. 특정 지역에서 특정 니즈에만 맞춘 전략은

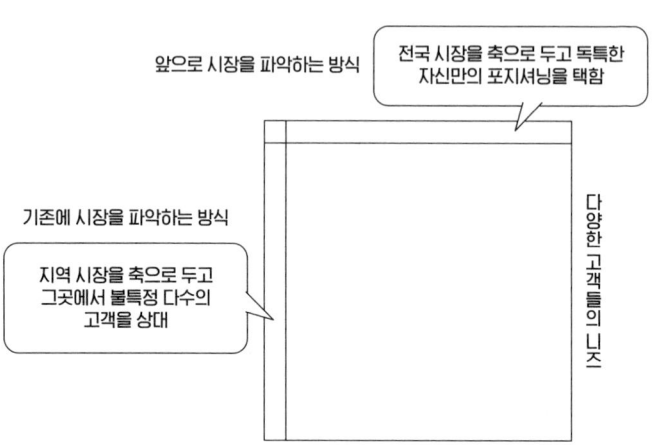

| 그림6-2 | 기존 및 향후 시장을 파악하는 방식 차이

시장 기회를 줄이는 선택이었기 때문이다. 따라서 지역을 시장으로 삼는 한, 어떤 요청이든, 어떤 취향이든 고객이 원하는 디자인을 제작하는 것이 기본 전략이었다.

반면 전국 단위 시장을 대상으로 한다면, 각 지역에서 로컬 중심 전략을 펼치는 경쟁자들과 차별화하기 위해 독자적인 포지셔닝을 구축해야 한다.

이러한 경쟁 전략 중 어느 전략이 더 적합한지는 직종, 위치는 물론 개인의 성향에 따라 달라지므로 일률적으로 말하기는 어렵다. 다만 원격근무와 같은 새로운 방식이 보급되어 우리의 인생에도 또 다른 전략적 선택지가 추가되었다는 점은 분명히 기억해 두자.

■ 안주하는 삶을 경계하라

포지셔닝 이론에서 기억해야 할 중요한 점은 '영원히 변하지 않는 포지셔닝은 없다'는 사실이다. 이는 포지셔닝 이론뿐 아니라 경영 전략 전반에서 흔히 나타나는 현상이다. 어느 저명한 교수가 경영의 모범 사례라며 극찬했던 기업이 순식간에 몰락하는 일은 결코 드물지 않다.

예를 들어 1980년대에 출간되어 세계적인 베스트셀러가 된 톰 피터스의 《초우량 기업의 조건》은 3M, IBM, P&G 등 여러 회사를 훌륭한 기업으로 소개했다. 그러나 책에 등장한 43개 기업 중 상당수는 10년도 채 지나지 않아 어려움에 빠졌고, 저자 피터스 역시 '초우량 기업은 영원하지 않다'고 인정했다.

포지셔닝 이론의 창시자로 꼽히는 하버드 경영대학원의 마이클 포터도 저서 《마이클 포터의 경쟁 전략》에서 미국의 영화관 체인 '카마이크 시네마(Carmike Cinemas)'를 포지셔닝 전략의 모범 사례로 제시했다. 그러나 책이 출간된 이후 업계의 과잉 경쟁으로 회사는 불과 몇 년 만에 파산했다. 포터와 같은 석학이 모범 사례로 소개한 영향으로 유사한 비즈니스 모델이 우후죽순처럼 등장했고, 결과적으로 회사의 파산을 앞

당겼다는 분석도 있다. 원인과 결과를 생각하면 씁쓸한 대목이다.

결국 아무리 뛰어난 위치에 서 있다 해도 유효 기간은 길어야 10년 남짓이라는 의미다. 사람의 두뇌는 허술해 보이지만, 어떠한 비즈니스가 돈이 되는지는 금세 눈치챈다. 인생 전략도 마찬가지다. 위치란 정적이고 고정되지 않고 끊임없이 변한다. 따라서 변화에 유연하게 대응하며 포지셔닝을 지속적으로 조정하는 태도가 필요하다.

이러한 변화를 거부할 때 생기는 위험을 유머러스하게 그린 작품이 이부세 마스지(井伏鱒二, 히로시마 원폭 피해자의 삶을 다룬《검은 비》등으로 알려진 전후 일본 소설가-역주)의《산도롱뇽(山椒魚)》이다. 이 소설은 작은 바위틈에 살던 도롱뇽이 성장하면서 틈새가 점점 좁아져 밖으로 나갈 수 없게 되는 이야기를 담고 있다. 처음에는 쾌적하고 안전한 거처에 만족하던 도롱뇽은 시간이 지날수록 답답함을 느끼지만, 터전에 집착해 다른 선택지를 찾는 노력을 미루고, 변화와 도전을 피한 탓에 결국 바위틈에 갇혀 평생을 보내게 된다.

이 이야기가 주는 교훈은 분명하다. 아무리 매력적이고 안락한 포지셔닝을 확보했더라도, 사회와 자신이 변하는 상황 속에서 현재 위치에만 안주하면 매우 위험하다는 점이다.

■ 잘나가던 컨설팅 회사를 과감히 떠난 이유

물리적 입지에 관해 마지막으로 덧붙이고 싶은 말이 있다. '어디에 있는가'라는 문제는 이 책이 제시하는 인생의 목표, 즉 지속적으로 행복한 삶을 실현하는 데 지대한 영향을 미친다. 다소 주관적인 생각일 수 있지만, 나는 사람마다 자기다움을 가장 잘 드러낼 수 있는 장소가 있다고 믿는다.

이제부터는 개인적인 이야기다. 나는 일본 도쿄에서 태어나 요코하마에서 자랐고, 대학을 졸업해 취직한 뒤로 줄곧 도쿄 세타가야 인근에서 살았다. 고급 주택가라 불리는 곳이었기에 겉으로는 근사한 삶을 사는 듯 보였을지도 모른다. 그러나 시간이 지날수록 이유는 알 수 없지만 몸 여기저기가 불편한 느낌이 들었다.

그 시절에 쓴 일기를 보면 '인생에서 무엇을 바꿔야 할지 모르겠다'는 문장이 남아 있다. 당시 나는 꽤 심각한 상태였던 것 같다. 지금 돌이켜보면 스스로 진정 원하는 것이 아니라 세상이 선호하고 성공의 상징이라 여기는 것들을 롤플레잉 게임에서 아이템을 모으듯 쌓아가던 날들이었다.

그러던 어느 날, 불현듯 바다 근처에서 살아보고 싶다는 생각이 들었다. 동시에 지금 바꾸지 않으면 방법이 없을지도 모른다는 절박함이 밀려들었다. 보통 이렇게 중요한 이사는 몇 년 동안 조사와 준비 과정을 거치는 것이 일반적이고, 주변에서도 그렇게 하라고 조언했다. 하지만 나는 스스로의 직감을 믿었다. 그리고 마음을 굳힌 지 몇 주 만에 지금의 하야마(葉山, 도쿄 근교 가나가와현의 고급 주택지이자 휴양지-역주)로 이사를 결정했다. 지금 생각해도 무모했지만 결과적으로는 인생 최고의 선택이었다.

이사를 계기로 주말에도 하루는 일하던 습관을 완전히 끊었고, 아이들의 스포츠 활동, 가족 행사, 지역 커뮤니티, 친구들과의 시간에 더 많은 에너지를 쏟았다. 물론 회사에서는 평가나 입지 면에서 손해를 보기도 했지만, 아이들과의 시간이 클라이언트나 상사와의 시간보다 훨씬 소중했기에 개의치 않았다. 이런 변화는 훗날 외국계 컨설팅 회사의 파트너라는 직함을 내려놓고 독립 연구자, 작가, 강연자로 전향하는 계기가 됐다.

이런 경험은 나뿐만이 아니다. 내 친구 중에도 비슷한 사례가 있다. 뉴욕 맨해튼의 로펌에서 수십억 원의 연봉을 받던 변호사 친구가 있었다. 그는 종종 일을 그만두고 싶다고 했지만, 맨해튼의 쾌락적인 라이프스타일을 쉽게 버리지 못했다. 그러던 어느 날, 다른 친구의 권유로 애팔래치아 산맥을 종단하는 트레일에 나섰다.

애팔래치아 트레일은 가장 짧은 코스도 최소 1주일이 걸리는 장거리 코스다. 바쁜 일정 속에서 그가 그런 도전에 나선 것도 의외였지만, 어쩌면 친구 역시 무언가를 예감했을지도 모른다.

내가 예상한 대로, 단풍이 물든 산 정상에서 풍경을 바라보던 순간 그는 '내가 있어야 할 곳은 맨해튼이 아니라 여기구나'라는 확신이 들었다고 한다. 친구는 곧장 로펌을 그만두고 애팔래치아 산맥 근처의 로펌으로 옮겨 환경 문제를 전문으로 다루는 변호사로 변신했다. 연봉은 10분의 1로 줄었지만 전혀 후회하지 않는다고 한다. 내가 보기에도 그는 지금 그 누구보다 행복하다.

나와 친구 모두 처음부터 어디가 자신에게 맞는 장소인지 알고 있었던 것은 아니다. 나는 우연히 들른 하야마의 풍경에 매료됐고, 친구는 다른 이의 권유로 나선 트레일에서 자신에게 맞는 장소를 찾았다. 결국 다양한 장소를 직접 경험해보지 않으면 진정 자신에게 맞는 곳을 찾기는 어렵다는 뜻이다.

07 CSV 경쟁 전략

사회적 이익을 만들어 내는 기업을 주목해야 하는 이유

◆

**인간이 아무리 이기적인 존재라 해도,
그의 본성 깊은 곳에는 여전히 타인을 의식하지 않고는
견딜 수 없는 어떤 힘이 작용한다.**

_애덤 스미스

CSV(Creating Shared Value, 공유가치 창출) 경쟁 전략은 사회적 과제를 해결하면서 동시에 기업 경쟁력을 강화해, 기업과 사회가 함께 이익을 얻는 윈윈 관계를 만들고 장기적인 지속 가능성을 추구하는 것을 목표로 한다.

CSV와 비슷한 개념으로 CSR(Corporate Social Responsibility, 기업이 법적 책임을 넘어 사회와 환경에 대한 책임을 자발적으로 수행하는 활동. 사회 공헌이나 윤리경영 등 - 역주)이 있다. 두 개념은 자주 혼동되지만 내용에는 분명한 차이가 있다.

CSR의 정의는 지역이나 문화에 따라 다소 차이가 있지만, 일반적으로 미국과 일본에서는 '기업의 책임은 비즈니스만으로는 만들어 내기 어려운 사회적 가치를 창출하는 것'으로 이해한다. 반면 CSV는 비즈니스를 통해 경제적 가치와 사회적 가치를 동시에 창출하는 데 초점을 둔다. 이 차이를 시각적으로 정리한 것이 그림 7-1이다.

전통적인 경영 전략론은 경제적 가치의 틀 안에서 논의되며, 그 밖의 사회나 환경은 흔히 '외부성'으로 취급해 고려 대상에서 제외하곤 했다. 경영 전략의 목표는 어디까지나 경제적 가치를 창출하고 기업 가치를 높이는 것이었고, 그 과정에서 사회나 환경에 부정적 영향이 생겨도 논의 대상이 아니

| 그림7-1 | **CSV(공유가치 창출)와 CSR(기업의 사회적 책임)의 차이**

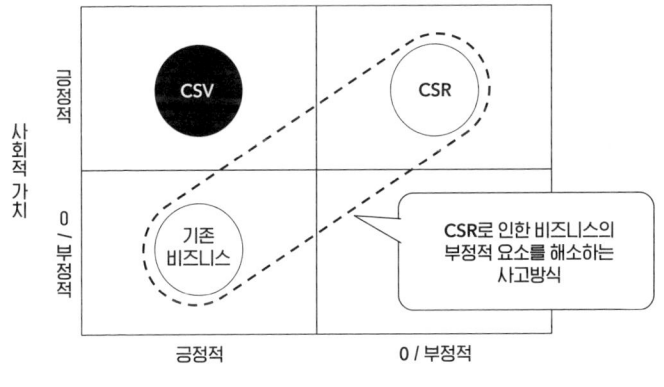

었다. 이런 점에서 경쟁 전략론의 창시자인 마이클 포터가 다른 관점을 제시한 것은 획기적인 변화로 평가된다.

■ 혼란스러운 포터의 논문

2011년 초 〈하버드 비즈니스 리뷰〉에 실린 마이클 포터의 논문 〈공유가치 전략(Creating Shared Value)〉에서 CSV 개념이 처음 등장했다. 포터는 이 논문에서 사회적 가치와 경제적 가치를 모두 추구하는 것이야말로 차세대 자본주의의 이상형이라고 주장했다.

다만 이 논문은 솔직히 다소 혼란스럽다. 사회적 가치와 경제적 가치의 인과관계가 문맥에 따라 뒤바뀌고, 때로는 두 가치가 마치 트레이드오프 관계에 있는 것처럼 서술되는 등 논지 전개가 복잡하게 얽혀 있다.

포터는 하버드 경영대학원을 졸업한 제자들이 대기업에서 경제적 가치를 창출하는 커리어보다 비영리법인이나 시민단체 등에서의 경력을 더욱 가치 있게 여기고, 특히 우수한 학생일수록 이러한 경향이 강하다는 사실을 목격했다. 그는 비즈니스의 테두리 안에서도 사회적 가치를 실현할 수 있다는 점을 설득하기 위해 이 논문을 썼다고 알려져 있다. 어쩌면 이러한 배경이 논문의 다소 혼란스러운 전개에 영향을 미쳤을지도 모른다.

정리하면, 경제적 가치와 사회적 가치의 관계에 대한 사고 방식은 대체로 세 가지 가설로 나뉜다.

① 경제적 가치를 실현하면 사회적 가치도 저절로 실현된다
② 사회적 가치를 실현하면 경제적 가치도 저절로 실현된다
③ 사회적 가치와 경제적 가치는 트레이드오프 관계에 있어 양립하기 어렵다

이 중 ①은 현실에서 이미 부정되었으므로, 문제는 ②와 ③ 중 어느 쪽이 타당한가다. 그러나 포터의 논문은 이에 대한 명확한 결론 없이 두 가설이 뒤섞인 채 논의가 진행되며, 결국 앞으로는 경제적 가치뿐 아니라 사회적 가치도 함께 추구해야 한다는 결론으로 마무리된다.*

■ 사회적 가치가 먼저다

이제 다른 연구자들의 논문을 토대로 CSV 개념을 다시 살펴보자. 결론부터 말하면, 최근 다수의 연구는 앞서 제시한 세 가지 가설 중 두 번째, 즉 '사회적 가치를 실현하면 경제적

---

* 참고로 유럽에서는 CSR을 '비즈니스를 통해 사회나 환경에 부정적인 영향을 주지 않도록 하는 기업의 책임'으로 정의하며, 더욱 수동적인 개념으로 본다.

가치도 자연스럽게 따라온다'는 주장이 실제로 가능하다는 사실을 보여준다.

예를 들어, 하버드 경영대학원의 로버트 에클스(Robert Eccles) 등이 수행한 연구*에 따르면, 지속 가능한 정책을 수립하고 이를 엄격하게 실행하는 기업은 그렇지 않은 기업보다 장기 재무 성과가 2.2~4.5% 높았다. 이 외에도 2023년 교토대학교에서 발표된 논문** 등 최근 여러 연구는 사회적 이익의 창출이 결국 경제적 이익으로 이어진다는 결론을 내리고 있다.

물론 냉정하게 보면, 이러한 가설은 사회 조사에 전문성을 갖춘 연구자가 조사 방식이나 통계 설계를 어떻게 하느냐에 따라 어느 정도 입증 또는 반증의 방향으로 유도될 수 있다. 그럼에도 최근의 사회 흐름을 고려하면, 사회적 가치를 창출하면 경제적 가치로 이어진다는 주장에는 일정 부분 타당성이 있다.

* https://www.hbs.edu/ris/Publication%20Files/SSRN-id1964011_6791edac-7daa-4603-a220-4a0c6c7a3f7a.pdf

** https://www.kyodai-original.co.jp/wp-content/uploads/2023/03/a89c02582f7631df31d5ce63d36eeec2.pdf

특히 최근 투자자들의 사회적 윤리 의식이 높아지고 있다는 점에 주목해야 한다. 시장의 외부성[***]에 기대어 사회나 자연, 환경에 부담을 주는 비즈니스는 점차 자금을 조달하기 어려워지고 있다.

ESG 관련 투자의 수익이 시장 평균을 반드시 안정적으로 웃도는 것은 아니지만, 앞으로는 투자자들이 더욱 투자 윤리를 중시할 가능성이 높다는 점을 감안하면, 사회적 가치는 경제적 가치를 만들어 내기 위한 전제라고 볼 수 있다.

■ 조직 문화가 성과를 결정한다

사회적 가치를 창출하는 기업이 재무 성과에서도 뛰어난 이유는 조직 문화와 관련이 있을 가능성이 크다. 최근 기업 경영에서는 조직 문화가 매우 중요한 주제로 부상했다. 2024년 2월, 컨설팅 회사 맥킨지는 조직 문화의 건전성이 장기적인 기업 성과를 예측하는 데 가장 높은 상관관계를 보인다는 보고서를 발표했다.[****]

우리는 기업 경쟁력을 높이기 위해 다양한 노력을 기울

[***] 시장 거래에서 거래 당사자가 아닌 제삼자에게 미치는 영향을 뜻한다. 이러한 영향은 거래 가격에 반영되지 않지만, 사회 전체의 효율성과 복지에 영향을 준다. 외부성에는 '긍정적 외부성(Positive Externality)'과 '부정적 외부성(Negative Externality)'이 있으나, 오늘날에는 주로 후자를 가리키는 의미로 쓰인다.

인다. 상품이나 서비스의 성능을 개선하고, 제조 비용을 절감하며, 업무 프로세스를 최적화하고, 연구개발에 투자하거나 인재를 육성하는 방법이 대표적이다. 그러나 이런 노력보다 장기 성과를 가장 잘 설명하는 요소는 조직 문화의 건전성이라는 사실이 드러나고 있다.

사실 이런 주장은 조직 연구자들 사이에서 오래전부터 잘 알려져 있었다. 이번 맥킨지 보고서가 의미 있는 이유는, 그 사실이 지금도 여전히 유효하다는 점을 다시 검증했다는 데 있다.

인사나 조직 관리를 담당하는 사람들에게는 새삼스러운 이야기일 수 있지만, 일본에서는 2022년 회계연도부터는 재무제표에 인적 자본 관련 정보를 의무적으로 공개해야 한다. 이는 기업이 조직의 상태를 투자자에게 투명하게 공개해야 한다는 뜻이다.

자본시장에서 이러한 정보를 공개하도록 요구하는 이유는 명확하다. 조직 문화의 건전성에 관한 데이터가 기업의 미래를 가늠하는 데 매우 유효한 지표라는 사실이 널리 알려지기 시작했기 때문이다.

**** https://www.mckinsey.com/capabilities/people-and-organizational-performance/our-insights/organizational-health-is-still-thekey-to-long-term-performance

■ 비전이 조직 문화를 바꾼다

2018년, 런던정경대 사회인류학 교수 데이비드 그레이버(David Graeber)는 저서 《불쉿 잡》을 통해 전 세계의 조직 연구자들에게 충격을 안겼다. 그는 이 책을 통해 사회에 아무런 가치를 창출하지 못하는 '불쉿 잡(Bullshit Job)'이 만연해 있으며, 이러한 일에 종사하는 사람들의 정신이 피폐해지고 있다고 지적했다.

최근에는 비슷한 문제를 다룬 연구도 늘고 있다. 예를 들어 여론조사 기관 갤럽의 직원 의식 조사를 보면, 자기 일에 적극적으로 임한다고 답한 직원은 전 세계적으로 평균 13%에 불과했다. 일본의 인재 채용 전문 회사 리크루트가 진행한 '일의 즐거움 조사'에서도 '일에서 즐거움을 느낀다'고 응답한 사람은 전체의 14%에 그쳤다.

그 밖의 여러 가지 조사 결과를 종합하면, 대략 90%에 가까운 사람들이 자신의 일이 그다지 중요하지 않다고 느끼며, 의미나 보람을 찾지 못하고 있는 것으로 나타난다. 이는 오늘날 사회에서 '동기(motivation)'라는 자원이 점점 희소해지고 있음을 의미한다. 투자자들이 조직 상태에 관한 정보를 강력하게 요구하는 배경에도 바로 이러한 '동기'의 희소화라는 현실이 있다.

■ 진짜 동기는 어디에서 오는가

시대와 사회를 막론하고 개인이나 조직의 경쟁우위는 희소한 자원에 접근할 수 있는지에 따라 크게 좌우된다. 최근 들어 '동기'라는 자원이 점점 희소해지고 있다면, 이를 확보하거나 새롭게 만들어 내는 개인이나 조직은 그만큼 큰 우위를 차지할 수 있다.

그렇다면 동기는 어떻게 만들어지는가.

동기는 여러 요소의 영향을 받지만, 그중에서도 가장 중요한 요인은 조직이 내세우는 비전이다. 조직이 사람들의 공감을 얻을 수 있는 명확한 비전을 제시하면 구성원의 사기가 높아지고 조직 문화가 활기를 띤다. 반대로 비전이 없거나 공감하기 어려운 비전만 내세우면 조직의 사기는 정체되고 문화도 힘을 잃는다.

이 지점에서 마이클 포터가 제시한 CSV 개념이 다시 중요하게 떠오른다. 사회적 가치를 창출하겠다는 비전은 조직 문화를 활성화하는 데 뚜렷한 효과를 내기 때문이다.

그림 7-2는 미국의 경제 전문잡지 〈포춘〉지가 선정한 500대 기업 중에서 혁신성이 높은 기업과 일본 대기업의 조직 문화를 비교한 자료다. 이 그래프에 따르면, 포춘 500대 기업은 '비전'을 중심으로 조직을 이끄는 반면, 일본의 대기업은 '솔선수범' 중심으로 조직을 운영하는 경향이 뚜렷하다.

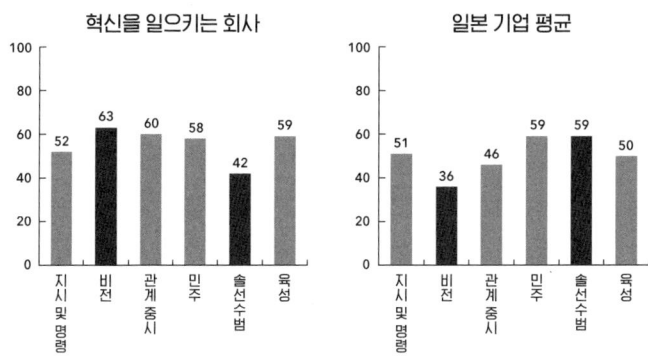

| 그림7-2 | 포춘 500대 기업과 일본 기업의 조직 문화 비교

출처: 콘 페리(Korn Ferry, 글로벌 조직 컨설팅 기업)

즉, 전자는 사회에 어떤 영향을 줄 것인지에 대한 비전을 세우고 그 비전에 따라 조직을 움직이며, 후자는 명확한 비전보다는 리더가 일상 업무를 앞장서서 수행하며 조직을 이끈다고 할 수 있다.

■ 사회적 가치에 따라 소속을 선택한다

지금까지 살펴본 다양한 연구 결과를 종합하면, 사회적 가치를 실현하겠다는 비전을 내걸고 이를 실제로 실천하는 조직이나 기업에 속하는 것이 바람직하다는 결론에 이른다.

이러한 조직이야말로 중장기적으로 사람과 자금, 정보, 그리고 오늘날 가장 희소한 자원인 동기를 끌어 모으며, 지속적인 성장과 번영을 이룰 가능성이 높기 때문이다.

반대로 아무리 단기 실적이 좋고 처우가 뛰어난 조직이라도 사회적 가치에 대한 비전을 제시하지 않거나 그 진정성이 느껴지지 않는다면, 해당 조직에 합류하는 선택은 다시 생각해 볼 필요가 있다.

앞서 언급했듯 인생은 장기 프로젝트다. 변화하는 시대의 흐름을 읽고 장기적 관점에서 판단해야 한다. 지난 20여 년간 사회와 환경에 대한 문제의식이 점점 커지고 있다는 사실을 고려하면, 이런 흐름에 둔감한 조직에서 인적 자본이나 사회적 자본을 쌓는 일은 인생의 지속 가능성이라는 측면에서 큰 위험이 될 수 있다.

■ 개인의 움직임이 사회를 움직인다

이러한 사고방식은 개인의 손익을 넘어 사회 전체에 영향을 미친다. 각 개인이 사회적 가치 창출이라는 장기적 관점에서 자신이 속할 조직을 선택하면, 사회적 가치에 무관심한 기업이나 조직은 인재를 확보하지 못해 결국 생존이 어려워진다. 지속 가능성을 기준으로 조직과 기업을 선택하는 사람이 많아질수록, 사회나 환경에 부정적인 영향을 끼치는 기업은 점차 도태된다.

경제학자 앨버트 허쉬먼이 지적했듯, 시스템의 성능을

개선하려면 '발언과 이탈'이 핵심이다(경제, 조직, 정치 시스템에서 구성원이 문제를 인식했을 때 취할 수 있는 반응을 세 가지로 정리: 조직을 떠나는 이탈(Exit), 개선점을 피드백하는 발언(Voice), 일정 수준 참고 기다리는 충성심(Loyalty) – 역주).

최근에는 여러 조직이 환경과 사회에 긍정적인 영향을 주겠다고 선언한다. 이는 바람직한 일이다. 그러나 동시에 환경과 사회에 해로운 활동을 멈추는 방식으로도 실천을 이어가야 한다.

만약 각 개인이 지속 가능성의 관점을 명확히 인식하고, 경제적 가치만 추구하며 사회적 가치를 외면하는 조직에서 이탈한다면, 그 자체로 사회 전체의 지속 가능성을 높이는 데 기여하는 셈이 된다.

08 자발적 동기부여

노력하는 자는
즐기는 자를 이길 수 없다

◆

아는 자는 좋아하는 자만 못 하고,
좋아하는 자는 즐기는 자만 못 하다.

_공자

2023년 여름, 일본의 게이오 고등학교 야구부가 'Enjoy Baseball'을 이념으로 내세우며 고시엔(일본 고교야구 전국 결승 대회 - 역주)에서 우승을 차지해 큰 주목을 받았다.

그전까지는 고시엔에서 우승하려면 장시간의 혹독한 훈련을 견디고, 반드시 승리를 쟁취하겠다는 절박함이 필요하다는 인식이 지배적이었다. 그런데 '야구는 즐기는 것'이라는 철학을 앞세운 팀이 우승하자, 승리를 위한 열망이나 근성을 우선시하는 사람들로부터 질투 섞인 비판이 쏟아졌다.

우리는 흔히 '즐긴다'는 태도를 취미에 한정하고, 일이나 스포츠처럼 성과와 승부가 걸린 세계에서는 진지함과 인내가 우선이라고 생각한다. 하지만 과연 그럴까.

지금으로부터 2500년 전, 중국 춘추시대의 사상가 공자는 《논어》에서 이렇게 말했다.

"아는 자는 좋아하는 자만 못하고, 좋아하는 자는 즐기는 자만 못하다."

공자는 어떤 일을 단지 안다고 해서 능숙해질 수 없으며, 좋아하는 사람조차 결국 즐기는 사람을 이기기 어렵다고 보았다. 이 말을 떠올려 보면, 게이오고등학교가 내세운 'Enjoy Baseball'은 단순한 구호가 아니라, 경쟁 전략으로서도 매우 강력했다. 이를 악물고 해내려는 사람은 즐기며 몰입하는 사람을 넘어서기 어렵기 때문이다.

우리는 흔히 퍼포먼스를 높이려면 힘들어도 버티고, 내키지 않아도 억지로 지속해야 한다고 믿는다. 그러나 공자의 말에 따르면, 그 끝에는 오히려 패배가 기다릴 수 있다. 진심으로 성과를 끌어올리려면, 오히려 즐기는 태도가 필수다.

■ 재능보다 꾸준함이 이긴다

이 관점을 인생 경영 전략에 적용해 보면 결국 '즐길 수 있는 일'에 집중하는 것이야말로 가장 중요하다는 결론이 나온다. 이와 관련해 장기 기사 하부 요시하루(羽生善治)는 이렇게 말했다.

"소질이란 정말로 어려운 문제입니다. 아이들과 장기를 두다 보면, 수를 많이 읽어내는 아이, 발상이 풍부한 아이, 정확하게 두는 아이 등 다양한 유형을 보게 됩니다. 어떤 경우에는 말을 적극적으로 움직이거나 한눈에 수를 고르는 등, 단 한 판만 두어도 그 아이가 가진 소질이 드러나기도 합니다. 그렇지만 그렇게 뛰어난 소질을 지닌 아이들이 모두 무난히 성장하는 것은 아닙니다. 개인적으로는 묵묵히 성실하게 지속할 수 있는지가 가장 중요하다고 생각합니다. 그것이야말로 재능이나 노력으로 이어지는 기반이 아닐까요. 물론 수를 많이 외우거나 계산이 빠른 재능도 중요하지만, 장기는 오랜 시간을 들이며 두어야 하는 게임입니다. 10년, 20년이 지나고 나면 그런 재능들은 그리 중요하지 않습니다. 오히려 인내심을 가지고 끈기 있게 지속하는 능력이 소질이나 재능보다 더 본질적인 요소라고 생각합니다."

_노부하라 유키히로,《뇌과학은 무엇을 바꾸는가(脳科学は何を変えるか)》

하부 요시하루의 지적처럼, 장기는 오랜 시간에 걸쳐 두어야 하는 활동인 만큼, 재능보다 끈기 있게 지속하는 능력이 중요하다는 통찰은 인생의 경영 전략에도 깊은 시사점을 준다.

우리는 흔히 자신에게 어떤 재능이 있는지, 무엇을 잘하는지를 기준으로 직업을 선택하려 한다. 그러나 그런 기준은 인생이라는 초장기 프로젝트를 살아가는 데 오히려 불안정한 기반이 될 수 있다.

■ 타고난 재능에 집착하는 일본 사회

해외 여러 나라들과 일본을 비교해 보면, 일본에는 유독 '아무리 노력한들 타고난 재능이나 감각이 있는 사람은 이길 수는 없다'는 선입견이 깊이 뿌리내리고 있는 듯하다. 특히 '타고난 머리'를 중시하는 경향이 뚜렷한데, 이는 영미 문화에서는 찾아보기 어려운 사고방식이다. 태생이나 유전에 따라 사람을 구분하려는 일본인의 성향이 반영된 결과로 볼 수도 있다.

미국의 사회심리학자 캐럴 드웩(Carol S. Dweck)은 일본에 깊이 자리 잡은 이러한 사고방식을 '고정 마인드셋(Fixed Mindset)'이라 명명했다. 고정 마인드셋이란 타고난 자질이나 재능에 따라 성공 여부가 결정된다고 보는 관점이며, 이러한 시각에서는 재능이 없으면 아무리 노력해도 별 의미가 없다고 여긴다. 이에 반해 '성장 마인드셋(Growth Mindset)'은 정반대의 관점이다. 성장 마인드셋을 지닌 사람은 도전에서 실패하더라도 재능이 없다고 단정 짓지 않고, 자신이 고쳐야 할 점을 찾아 다시 도전한다.

두 사고방식의 차이는 흔히 뚝심이나 근성의 유무로 설명되지만, 실제로는 훨씬 더 본질적인 차이에 가깝다. 어떤 일을 좋아하는 사람은 여러 번 실패하더라도 다시 시도하는데, 이는 공자가 말한 핵심 사상이라 할 수 있다.

하부 요시하루와 마찬가지로, 이 책에서도 여러 차례 언급했듯이, 인생은 매우 장기적인 게임이다. 따라서 재능이나 감각보다는 오랜 시간 꾸준히 노력할 수 있는지가 훨씬 더 결정적으로 작용한다. 특히 앞으로는 건강하게 살아가는 기간이 길어지면서 많은 사람이 70~80대까지도 일을 하게 된다. 그런 점에서 볼 때, 직업을 선택할 때 그 일을 오래 지속할 수 있는지 여부는 앞으로 더욱 중요한 판단 기준이 될 것이다.

■ 즐기는 자는 이길 수 없다

공자가 말한 '노력하는 자는 즐기는 자를 이길 수 없다'는 통찰은 실제 역사 속 사례에서도 확인할 수 있다.

20세기 초, 노르웨이의 탐험가 로알 아문센(Roald Amundsen)

과 영국의 해군 장교 로버트 스콧(Robert Scott)은 남극점에 최초로 도달하기 위해 경쟁을 벌였다. 1910년에 시작된 이 레이스는 잘 알려진 대로 아문센 팀의 승리로 끝났다. 아문센 일행은 별다른 문제 없이 남극점에 도달했고, 훗날 팀원들은 그 여정을 '그토록 즐거운 탐험은 없었다'고 회고할 만큼 순조롭게 마무리했다.

반면 스콧의 팀은 수많은 문제에 시달렸다. 결국 눈보라 속에서 수백 킬로그램에 달하는 썰매를 개 대신 사람이 끌어야 하는 극한 상황에 내몰렸고, 끝내 대장 스콧을 포함한 전원이 사망하는 비극을 맞았다. 결과적으로 두 팀의 격차는 압도적이었다.

그렇다면 왜 이렇게 극명한 차이가 났을까. 생각해 보면, 스콧은 '열심히 하려던 사람'이었던 반면, 아문센은 '그 여정을 진심으로 즐긴 사람'이었기 때문일지 모른다.

■ 얼마나 즐겼는지가 성과를 가른다

아문센은 열여섯 살 무렵, 노르웨이 탐험가 프리드쇼프 난센(Fridtjof Nansen)의 그린란드 횡단에 깊은 감명을 받아 탐험가가 되기로 결심했다. 이후 다양한 탐험기를 읽으며 성공과 실패의 요인을 분석하고, 혹독한 추위에서도 생존할 수 있도록 일부러 한겨울에도 창문을 열어놓고 잠을 자는 생활을 이어갔다. 또한 극지 탐험에 반드시 필요한 스키와 개 썰매 기술을 익히는 등 신체적으로도 철저하게 준비했다. 그의 삶은 말 그대로 극지 탐험가로 성공하기 위해 치밀하게 계획된 여정이었다.

반면 스콧은 해군 장교 출신으로, 원래 제독을 꿈꾸던 인물이었다. 극지 탐험에는 딱히 관심이 없었지만 주변의 추천으로 남극 탐험대장에 지명됐다. 성실하고 유능했던 그는 이 제안이 해군에서의 출세에 도움이 될 것으로 판단하고 이를 수락하며 아문센과의 경쟁에 나섰다. 아문센이 10대 시절부터 극지 탐험을 목표로 삼고 장기간에 걸쳐 지식과 경험을 축적한 반면, 스콧은 남극 탐험대장이 된 이후에야 관련 지식과 기술을 단기간에 익히기 시작했다. 이 차이는 두 사람의 생각과 준비의 깊이에서 큰 격차를 만들었고, 결국 엄청난 결과의 차이로 이어졌다.

조직이론의 관점에서 보면 아문센은 흥미, 호기심, 향상심 등 내면에서 비롯된 내적 동기로 움직였지만, 스콧은 지위, 명예, 금전 등 외부 자극에 의한 외적 동기로 움직였다. 사회심리학 연구가 일관되게 보여주는 것처럼, 외적 동기에 따라 움직이는 사람은 내적 동기로 움직이는 사람을 능가하기 어렵다는 사실을 이 사례에서 다시 확인할 수 있다.

■ 보상이 오히려 독이 될 때

지금까지의 심리학 연구들을 보면, 보상이라는 요소가 얼마나 다루기 어려운 주제인지 실감하게 된다. 인간은 공기만으로 살 수 없기에 일정 수준의 보상은 필요하다. 그러나 오직 보상만을 유일한 동력으로 삼아 자신을 몰아붙이면, 인생이라는 초장기 프로젝트에서 지속해서 높은 성과를 내기는 어렵다.

공자의 통찰, 즉 '즐기는 이를 이길 수 없다'는 말을 다시 떠올려 보자. 결국 자신이 가장 즐겁게 몰입할 수 있는 일을 선택하는 것이야말로 가장 지속 가능하고 효과적인 전략이라는 결론에 이르게 된다.

09 자원 기반 관점

남이 따라 할 수 없는
특징에 주목하자

♦

본질을 모른 채 흉내만 내는 것은
가장 어리석은 행동이다.

_새뮤얼 존슨

이번에는 자원 기반 관점(Resource-Based View, 이하 RBV)을 살펴보고자 한다. RBV는 경쟁전략 이론 중에서도 역량 기반(capability) 접근의 핵심 개념이다. 이 관점은 기업의 지속 가능한 경쟁우위가 그 기업이 보유한 독특한 자원과 능력에 달려 있다고 설명한다.

이 이론은 1990년대 초, 오하이오 주립대학교 재직 중이던 제이 바니(Jay Barney) 교수의 연구를 토대로 정립되었다. 눈치챘겠지만, RBV는 앞서 설명한 포지셔닝 관점과 사고방식이 대조적이다. 두 이론을 비교하면 다음과 같다.

- **포지셔닝**: 기업의 경쟁우위는 해당 기업의 입지(=포지셔닝)로 결정된다.
- **RBV**: 기업의 경쟁력은 해당 기업의 독자적인 자원과 능력에 따라 결정된다.

이렇게 놓고 보면 두 개념이 정면으로 충돌한다는 사실이 분명하다. 그래서 각각의 이론을 따르는 경영학자들은 상반된 입장을 유지했는데, 특히 포지셔닝 이론의 창시자인 마이클 포터는 RBV에 대해 비판적인 시각을 보였다. 경쟁우위를 형성할 때 핵심이 되는 것이 포지셔닝인지, 아니면 자원기반 관점인지 하는 문제는 두 이론의 대표적인 쟁점이었다.

그러나 나는 오래전부터 이 논쟁이 그다지 의미가 없다고 생각했다. 경영학은 물리학 같은 자연과학이 아니라 실용학문이므로, 이론의 정교함보다는 실제 경영 현장에서 얼마나 유용한지가 더욱 중요하기 때문이다.

전략 컨설팅 현장에서 포지셔닝과 RBV 양쪽의 관점을 매일같이 활용한 입장에서 보자면, 두 이론 중 어느 하나만으로는 현실을 설명하거나 문제를 해결하기 어렵다. 시간이 흐르면서 경영학계도 비슷한 결론에 도달하는 듯한데, 이 논의는 이제 정리해도 좋을 시점이라고 본다.*

■ 손에 넣기 힘든 자원과 능력을 갖춘다

RBV에 따르면, 다음 네 가지 조건을 충족하는 자원이나 능력을 확보하면 기업은 지속 가능한 경쟁우위를 창출할 수 있다.

- **유용성(Valuable)**: 시장의 기회를 포착하고 경쟁에 대응하는 데 실질적인 가치를 지녀야 한다.
- **희소성(Rare)**: 경쟁 기업이 쉽게 보유할 수 없는 희소한 자원이어야 한다.
- **모방 불가능성(Inimitable)**: 다른 기업이 같은 방식으로 쉽게 모방할 수 없어야 한다.
- **대체 불가능성(Non-substitutable)**: 기능적으로 같은 효과를 내는 다른 자원으로 대체될 수 없어야 한다.

유용성은 당연한 조건이지만, 특히 주목해야 할 점은 희소성, 모방 불가능성, 대체 불가능성이라는 세 가지 조건이다. 이를 종합하면 RBV는 보유한 자원의 양이나 질보다는 해

---

* 실증 연구에 따르면, 기업 수익성 변동을 설명하는 요인은 대략 다음과 같이 나뉜다. 전반적인 경기 상황이 약 10%, 산업의 매력도(=포지셔닝)가 약 10%, 개별 기업의 경영 자원 차이(=RBV)가 약 40%를 차지한다. 나머지 40%는 불확실성 요인으로 설명된다.

당 자원을 확보하는 과정이 얼마나 어려운지를 더 중시한다.

이러한 관점을 인생 경영 전략에 적용해 보면, 많은 이들이 시간을 들여 취득하려 애쓰는 자격증이나 학위, 지식 등은 RBV 관점에서 오히려 가장 투자 가치가 낮은 대상일 수 있다. 이런 것들은 비교적 쉽게 조달할 수 있기 때문이다.

한때 'STEM의 시대가 온다'는 말이 유행한 적이 있었다. STEM은 Science(과학), Technology(기술), Engineering(공학), Mathematics(수학)의 약어로, 이과 응용 학문을 가리킨다. 이런 분위기 속에서 자녀에게 프로그래밍을 가르치려는 부모가 많았다. 그러나 곰곰이 생각해 볼 필요가 있다. 특정 학위나 기술이 유행하면, 같은 세대의 노동시장에서 해당 기술은 공급 과잉에 빠질 가능성이 크다. 앞서 언급했듯 오늘날 AI 관련 엔지니어의 연봉이 급격히 오른 이유는 그동안 해당 전공과 일자리가 인기가 없었던 탓에, 인재 공급이 부족했기 때문이다.

■ 치명적인 약점은 강점이 될 수도 있다

특정 시기에 유행하는 학위나 자격증이 경쟁우위를 보장하지 않는다면, 우리는 무엇을 해야 할까. 답은 명확하다.

조달하기 어려운 자원이 경쟁우위를 만든다면, '나의 강점은 무엇인가'보다 먼저 '다른 사람에게는 없고 나에게만 있는 독특한 특징은 무엇인가'를 질문해 본다. 그리고 그러한 특징을 어떻게 일과 커리어에 연결할지를 고민해야 한다. 요약하면 스스로 자신을 프로듀싱해야 한다는 뜻이다.

개인의 특징은 종종 약점과 연결되기도 한다. 미국 전설적인 재즈 트럼펫 연주자인 마일즈 데이비스의 앨범 〈카인드 오브 블루(Kind of Blue)〉는 역사상 가장 많이 팔린 재즈 앨범으로 알려져 있다. 그러나 그는 당시 유행하던 존 콜트레인이나 찰리 파커처럼 고도의 테크닉으로 몰아치는 연주를 할 수 없었다. 대신 절제되고 차분한 스타일을 선택했고, 결과적으로 그의 '부족한' 기술이 새로운 음악적 스타일을 만들어 냈다. 그가 경쟁자들을 질투하며 약점을 극복하려고만 했다면, 세기에 남은 명반은 탄생하지 않았을지도 모른다. 프로듀싱이란 결점을 교정하는 대신 자신만의 독특한 장점을 살리는 작업이다.

우리는 흔히 타인의 결점을 고치려 하지만, 진정 중요한 것은 그 사람만의 개성을 발견하고 거기에 시대적 의미를 부여하는 일이다. 사회는 평균적인 능력이 아니라, 누구도 흉내 낼 수 없는 독창성을 높게 평가한다. 그리고 그 독창성은 종종 스스로는 단점이라 여기는 부분에서 비롯된다.

■ 강점이라는 위험한 질문

'나의 강점은 무엇인가'라는 질문 자체가 삶을 잘못된 방향으로 이끌 수 있다는 지적도 가능하다. 지금까지의 연구에 따르면, 우리는 실제 능력보다 자신을 더 높게 평가하는 강한 상향 편향(bias)을 가지고 있기 때문이다.

이와 관련해 미국 코넬대학교 심리학 교수 데이비드 더닝(David Dunning)과 저스틴 크루거(Justin Kruger)가 진행한 유명한 연구가 있다. 이들은 심리학을 수강하는 학생들에게 문법, 논리적 사고, 유머 감각 등과 관련된 다양한 테스트를 실시한 뒤, 본인의 예상 점수를 적게 했다. 그리고 다른 학생들과 비교했을 때 자신이 어느 정도의 성과를 냈는지 스스로 평가하게 했다. 그 결과 성적이 낮은 학생일수록 자신을 과대평가했으며, 성적이 우수한 학생들은 오히려 자신을 낮게 평가하는 경향을 보였다.

이러한 현상은 오늘날 인사 및 조직 분야에서 '더닝 크루거 효과(Dunning-Kruger Effect)'라는 이름으로 널리 알려져 있다. 그리고 이 효과는 더닝과 크루거의 연구뿐 아니라 다양한 실험과 조사에서 반복적으로 확인됐다. 연구 결과를 종합하면 다음과 같은 사실을 알 수 있다.

90%의 사람들은 자신이 평균보다 운전을 잘한다고 생각한다.

60%의 학생들은 자신의 의사소통 능력이 상위 10%에 해당한다고 생각한다.

90%의 교수들은 자신이 평균보다 높은 성과를 내고 있다고 생각한다.

이러한 결과는 인간이 스스로를 객관적으로 평가하기 매우 어려운 존재임을 보여준다. 결국 우리는 '자신이 무엇을 잘하는지'를 정확하게 판단할 능력이 거의 없다고 볼 수 있다. 이를 고려한다면 잘하는 일을 기준으로 커리어를 선택하는 방식은 그다지 의미가 없을 뿐만 아니라, 자칫 잘못된 방향으로 이어질 가능성도 높다.

■ 오랫동안 해온 일에서 답을 찾는다

중요한 것은 강점을 찾는 것이 아니라 자신만의 특징을 발견하는 일이다. 그렇다면 우리는 어디에 집중해야 그 특징을 발견할 수 있을까. 이 책의 관점에서 보면, 조달하기 어려운 자원이나 능력이란 많은 시간자본을 투입해야만 얻을 수 있는 것들이다. 따라서 자신이 오랜 시간 지속해 온 일에 주목할 필요가 있다.

경쟁우위를 만드는 데 도움이 되는, 확보하기 어려운 지식이나 기술은 일반적으로 습득하는데 긴 시간이 걸린다. 그렇기에 자신의 삶을 되돌아보며 남보다 훨씬 오래 몰두한 활동이 무엇인지 떠올려야 한다. 남극점에 최초로 도달한 위대한 탐험가 로알 아문센은 어린 시절부터 탐험가를 꿈꾸며 수많은 탐험기를 읽었다. 그는 머릿속에 방대한 탐험 지식을 축적했고, 이 지식은 훗날 다양한 탐험을 성공으로 이끄는 중요한 기반이 되었다.

나 역시 학창 시절부터 철학, 역사, 인류학, 심리학 등 인문학을 꾸준히 공부했다. 당시에는 이런 공부가 훗날 노동시장에서 경쟁우위를 가져다주리라고는 전혀 생각하지 못했다. 순전히 공부 자체가 즐거웠기에 오랜 시간을 쏟아부었고, 어쩌면 그렇기에 더욱 깊이 파고들 수 있었는지도 모른다. 결과적으로 경영학 지식에만 의존하지 않고 인문학을 기반으로 한 컨설팅 접근 방식은 시장에서 블루오션을 만드는 데 중요한 역할을 했다.

이 책은 인생을 초장기 프로젝트로 바라보라고 제안하지만, 사실 누구도 인생 전체를 한눈에 파악할 수는 없다. 스티브 잡스가 스탠퍼드 대학교 졸업식 연설에서 말했듯 우리는 미래를 예측하기보다는, 과거를 돌아보며 점과 점을 연결하는 방식으로 현재에서 미래를 향해 나아갈 수밖에 없다.

10 이니셔티브 포트폴리오

서로 다른 일을 섞어 만드는 나만의 조합

◆

> 목표를 달성하기 위한 복수의 선택지 조합을
> 전략이라 한다. 선택지가 하나밖에 없다면
> 그것은 전략이 아니다.
>
> _버나드 몽고메리

코로나 팬데믹 이후 전 세계적으로 원격근무가 보편화되면서, 겸업과 부업이 점차 일반화되고 있다. 지금까지 커리어라는 개념은 '같은 시기에는 단 하나의 일만 한다'는 전제를 바탕으로 형성되었다.

그러나 원격근무의 확산으로 일과 장소의 결속이 느슨해지면서 이러한 전제는 더 이상 유효하지 않게 되었다. 가까운 미래에는 한 번에 한 가지 일만 할 수 있다는 기존의 상식이 무너지고, 여러 일을 동시에 수행하는 방식이 새로운 일의 표준으로 자리 잡을 가능성이 크다.

이러한 변화 속에서 우리는 각 업무의 장단점뿐 아니라, 서로의 조합이 얼마나 적합한지까지 고려해야 하는 시대를 맞이하고 있다. 이때 중요한 개념이 바로 '포트폴리오'다. 원래 포트폴리오는 서류 가방을 뜻하지만, 경영학에서는 주로 투자나 사업의 집합체를 의미한다.

투자 분야에서 포트폴리오란 주식, 채권, 부동산 등 다양한 자산을 조합해 시장 변동성이 특정 자산에 미치는 부정적 영향을 분산시키고, 리스크와 수익의 균형을 최적화하는 것을 목표로 한다. 이러한 사고방식은 오늘날 개인의 삶을 경영하는 전략, 즉 인생 경영 전략에도 필요하다.

■ 포트폴리오의 장점

'일의 포트폴리오'를 구성할 때 얻을 수 있는 이점은 다음과 같이 크게 네 가지다.

- **성장의 기회**

새로운 기술, 지식 및 경험을 습득하는 기회가 늘어나서 학습과 성장이 가속화되며, 이는 또 다른 커리어의 기회로 이어진다.

- **커리어의 다양성**

한 가지 일로는 얻기 어려운 다양한 경험과 지식을 쌓고,

내면에 여러 관점과 기술, 가치관을 축적할 수 있다.

• 인적 네트워크의 확장

본업과는 다른 네트워크가 형성되며, 특히 조직 외부로 네트워크를 넓히면 커리어 기회를 확보하는 동시에 관계의 견고함도 높일 수 있다.

• 리스크의 분산

여러 가지 일과 수입원을 보유하면 경제적 위험을 분산할 수 있다. 예를 들어 본업이 불안정해져도 부업에서 얻은 수입을 통해 안정적인 생활을 유지할 수 있다.

정리하면, 일의 포트폴리오 구성은 인생을 이루는 세 가지 자본, 즉 인적 자본, 사회자본, 금융자본 모두에 긍정적인 영향을 준다. 특히 일본처럼 성장 정체와 경험 가치의 디플레이션이 나타나는 사회에서는 그 의미가 더욱 크다. 포트폴리오는 성장 기회를 확대하고 사회자본을 다각화하며, 전반적인 안정성을 높이는 데 기여한다.*

---

* 일부 독자는 우리 회사는 겸업이나 부업을 금지하고 있다고 생각할지도 모른다. 그러나 원칙적으로 일본 기업은 근로자의 겸업이나 부업을 일률적으로 금지할 수 없다. 취업규칙에 명시된 근무 시간 외의 활동에 대해서는 회사가 지시하거나 제한할 권한은 없기 때문이다. 실제로 과거에는 취업규칙의 '부업 금지 조항'이 위법이라는 판결이 내려진 사례도 있다. 만약 현재 다니는 회사가 겸업이나 부업을 금지한다고 생각한다면, 회사와 정확히 내용을 확인하고 충분히 대화하는 것이 바람직하다.

■ 리스크와 리턴이 다른 일을 함께 해본다

일의 포트폴리오가 다양한 측면에서 긍정적인 영향을 준다는 점은 이해했다. 그렇다면 우리는 어떤 조합을 지향해야 할까. 포트폴리오를 구성할 때는 다음 세 가지 관점을 고려해야 한다.

관점 1: 리스크와 수익의 균형
관점 2: 장기와 단기의 균형
관점 3: 라이스워크과 라이프워크의 균형

순서대로 살펴보자.

먼저 리스크와 수익의 성격이 다른 일을 조합하는 것이 중요하다. 구체적으로 보면 한쪽에는 안정적이지만 큰 성공 가능성은 낮은 일을, 다른 한쪽에는 불안정하지만 성공했을 때 얻는 보상이 큰일을 배치하는 방식이다. 금융 투자 세계에서는 이를 '바벨 전략'이라고 부른다.

리스크라는 단어는 보통 부정적으로 여기는 경우가 많지만, 리스크는 하락 위험만이 아니라 상승 가능성까지 포함하는 '불확실성'을 뜻한다. 만약 리스크를 배제하려고만 한다면, 삶을 긍정적으로 변화시킬 기회 또한 함께 사라진다.

그렇다면 상승 가능성이 있는 불확실성은 받아들이면서,

하락 위험이 있는 불확실성은 어떻게 줄일 수 있을까. 여기서 핵심은 리스크와 수익 사이의 '비대칭성'이다. 손실 위험은 작지만 기대 수익이 큰일들을 적절히 조합하면, 훨씬 안정적이면서도 성장 잠재력이 높은 포트폴리오를 만들 수 있다. 역사적으로도 바벨 전략을 실천해 성공한 사례는 적지 않다.

■ 바벨 전략의 대표적 사례, 아인슈타인

아인슈타인은 스위스 베른의 특허청에서 공무원으로 일하며 여가 시간에 논문을 집필했고, 그 논문으로 노벨상을 받았다. 이론물리학의 논문을 집필하는 활동은 리스크와 수익의 비대칭성이 뚜렷했다. 잃을 것은 투자한 시간과 소량의 문구류 비용뿐이지만, 성과를 인정받으면 얻는 보상은 매우 컸다.

비슷한 예로, 프란츠 카프카는 보험회사에서 일하며 틈틈이 실험적인 소설을 집필했다. 일본의 싱어송라이터 오구라 케이는 은행에서 관리직으로 일하는 동시에 음악 활동을 이어가면서 수많은 히트곡을 발표했다. 이들 모두 바벨 전략을 실천한 사례라 할 수 있다.

■ 시간 축의 차이를 포함한다

두 번째로 중요한 관점은 시간 축이다. 여기서는 컨설팅 회사 맥킨지가 제안한 '핵심 과제 포트폴리오(Initiative Portfolio)'

개념을 바탕으로 살펴보자.

핵심 과제 포트폴리오에서는 가로축에 시간을, 세로축에 본업과의 관련성을 두고, 자신이 수행하는 활동을 포트폴리오 형태로 점검한다.

가로축: 수익화 시기

단기: 1년 이내

중기: 3~5년

장기: 10년 이상

세로축: 본업과의 관련성

높음: 본업 혹은 가까운 분야

낮음: 본업과 관련이 없는 분야

불명: 본업과의 관계가 애매한 분야

이처럼 가로축과 세로축을 정의하고 자신의 핵심 과제 포트폴리오를 정리하면 다음과 같은 도표가 나온다. 여기서는 나의 30대까지와 40대 이후의 일하는 방식을 예로 들어, 핵심 과제 포트폴리오의 변화를 비교했다.

위쪽에 기재한 30대까지의 핵심 과제 포트폴리오에서는 대부분의 시간자본을 본업인 컨설팅에 집중했다. 인생의 여름 단계에서 컨설팅을 통해 인적 자본을 쌓았지만, 이 상태로는 다음 단계로 나아갈 발판을 마련하기 어렵고, 성공으로 이어진다는 확신도 부족했다. 반면 아래쪽에 기재한 40대 이후의 포트폴리오에서는 시간자본의 절반가량을 본업인 컨설팅에 투입하면서, 나머지를 조사 연구, 블로그 집필, 강연, 투자 등 다양한 영역에 배분했다.

그 결과 초기에는 수익이 나지 않던 본업 외 핵심 과제들이 점차 사회자본과 금융자본을 창출하기 시작했고, 결국 본업을 뛰어넘는 성과로 이어지면서 인생의 가을 단계로 원활히 전환할 수 있었다.

우리는 눈앞의 이익에만 사로잡혀 모든 자원을 한 곳에 쏟아붓기 쉽다. 그러나 이렇게 하면 미래를 위한 포석을 쌓기 어렵고, 성공과 실패 모두의 리스크를 감수하지 않게 된다.

핵심 과제 포트폴리오는 자신이 어디에 시간자본을 쓰고 있는지 시각적으로 확인할 수 있게 한다. 이를 통해 당장 이익이 나는 활동에만 시간을 쓰는 습관을 조절하고, 스스로 시간자본의 투자와 배분을 관리할 수 있다. 다시 말해 핵심 과제 포트폴리오는 자신의 시간자본의 투자 배분에 관해 스스로의 전략을 활용하기 위한 도구다.

| 그림10-1 | 저자의 핵심 과제 포트폴리오

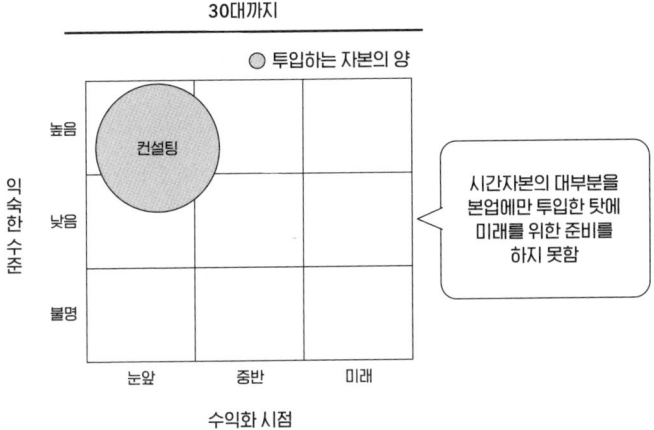

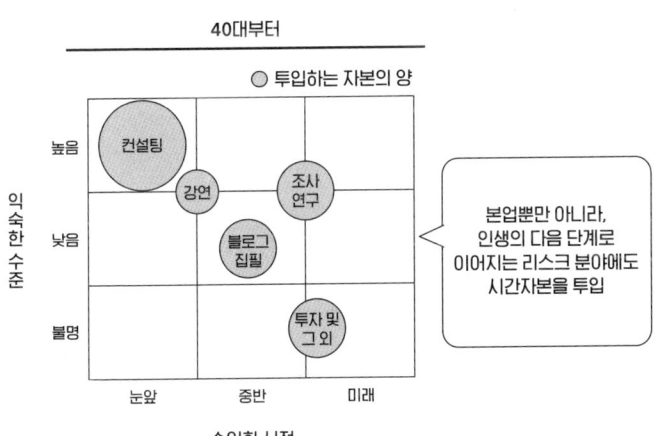

■ 라이스워크와 라이프워크의 균형

마지막으로 일의 포트폴리오를 구성할 때 고려해야 할 세 번째 관점은 '라이스워크와 라이프워크의 균형'이다. 라이스워크(Rice Work)는 '라이스(Rice)', 즉 밥벌이를 위한 일이라는 의미로, 생계를 유지하고 생활 안정을 위해 필요한 일을 뜻한다.

반면 라이프워크(Life Work)는 '라이프(Life)', 인생을 위한 일이라는 의미로, 자신의 꿈을 실현하며 살아가기 위해 필요한 일을 가리킨다. 이 책의 전반부에서는 인생이라는 프로젝트의 목적을 '자기다움'과 경제적, 사회적 성공의 양립이라고 정의했는데, 라이스워크와 라이프워크의 균형은 바로 그러한 목적과 직결된다.

요즘 커리어 관련 행사에서 강연할 때마다 "지금 하는 일에서 보람을 느끼지 못해요. 비전에 공감하는 시민단체에 참여해 볼까 싶은데 어떻게 생각하세요?"라는 질문을 종종 받는다. 그럴 때마다 나는 같은 대답을 한다. "지금 하는 일을 그만두지 않으면 시민단체 활동을 할 수 없는지?" 즉, '가능하다면 지금 일을 유지하면서 겸업 형태로 시민단체 활동을 해보면 어떨까?'라는 제안이다.

'옵션 가치' 부분에서 다시 언급하겠지만, 인생에는 항상 불확실성이 존재하므로 선택지를 줄이는 것은 바람직하지 않다. 아무리 해당 단체의 비전에 공감하더라도, 막상 들어가

보면 상사나 동료와 맞지 않을 수도 있다. 그렇다면 본업을 유지한 채 시민단체 활동을 가능한 범위에서 시도하고, 시간 자본을 투자할 만한 가치가 있는지 판단할 때까지 결정을 미루는 편이 현명하다.

나 역시 영리 기업 경영에 참여하면서 동시에 비영리법인의 이사로 활동하고 있다. 이런 경험을 바탕으로 보면, 영리 조직과 비영리 조직은 각각 장단점이 있다. 그러다 보니 어느 한쪽만 선택하기보다 두 영역에 모두 관여하는 방식이 서로의 약점을 보완해 줄 수 있어 더욱 오래 지속할 수 있다.

세상에 완벽한 직업은 없다. 어떤 일이든 고유한 장단점이 있기 마련이다. 그렇다면 이상적인 직업을 좇기보다는, 여러 직업의 특성을 조합해 상호 보완하는 삶을 추구해야 한다.

■ 사회적 기업과 영리사업을 함께 굴리는 법

핵심 과제 포트폴리오는 특히 사회적 기업, 비영리법인, 예술 및 문화 활동처럼 경제적 안정성을 확보하기 어려운 분야에서 더욱 효과적이다. 이러한 분야는 사회적 의미나 개인적 보람은 크지만, 안정적으로 수익을 내기는 쉽지 않다.

따라서 포트폴리오의 한쪽에는 안정적인 수익을 보장하는 일을, 다른 한쪽에는 수익은 불안정하지만 진정으로 하고 싶은 일을 배치해 균형을 이루는 방식이 바람직하다. 이렇게 하면 장기적인 커리어 안정성과 일에 대한 만족감을 모두 얻을 수 있다.

원칙적으로 사회자본의 이동은 정부에서 주도해야 한다. 그러나 개인이 이러한 포트폴리오 구조를 기반으로 활동하면, 개인 차원에서도 사회자본을 이동시킬 수 있다. 안정적인 수익을 내는 일과 사회적으로 의미 있는 일을 조합하면 사회 전체의 자원 배분에도 긍정적인 영향을 미치고, 개인을 매개로 한 사회적 가치의 재분배를 촉진하기도 한다.

■ 전략자원의 분산 투입은 주의하자

여기서 한 가지 주의할 점이 있다. 지금까지의 내용을 보면 본업 외 활동이 활발해진 시대를 단순히 긍정적인 변화로 볼 수 있지만, 반드시 그렇지만은 않다. 겸업이나 부업이 일상화되더라도, 그것이 오히려 커리어에 부정적인 영향을 줄 가능성도 있다. 그 핵심에는 '전략자원의 분산'이라는 문제가 있다.

역사상 가장 오래된 전략서 중 하나인 카를 폰 클라우제비츠(Carl von Clausewitz)의 《전쟁론(On War)》을 비롯해, 동서고금의 수많은 전략가들은 전략자원을 시간이나 공간에 분산 투입할 때의 위험성을 반복적으로 경고했다.

인생에는 마치 레이저처럼 시간, 능력, 정신을 한 가지 목표에 집중해야 하는 시기가 분명히 존재한다. 흔히 '승부를 건다'고 표현하는 바로 그 시점이다.

이 시기를 제대로 판단하지 못하고 포트폴리오의 중요성만 머릿속에 그리며 자원을 여러 일에 나눈다면, 집중했을 때 얻을 수 있던 성과와 성장은 어정쩡한 수준에 머무른다. 따라서 앞으로 겸업과 부업이 당연해지는 시대가 오더라도, 각자의 상황에 맞춰 전략자원을 집중할지 분산할지, 전략적으로 균형을 조절해야 한다는 점을 명심하자.

■ 내가 블로그를 시작한 이유

마지막으로 내 사례를 소개하며 이 장을 마무리하고자 한다.

앞서 말했듯, 나는 서른 살을 기점으로 카피라이터이자 크리에이터로서의 한계를 느꼈고, 광고 회사를 그만둔 뒤에는 외국계 전략 컨설팅 회사로 이직했다. 그러나 그곳에서도 여전히 고된 나날이 이어졌다. 몇 해 동안 매일 밤늦게까지 일한 탓에 체력적으로도 정신적으로도 버거웠다. 그럼에도 일에서는 보람을 느꼈고, 다행히 잘 맞는 동료들과 함께할 수 있었다. 덕분에 30대 중반 무렵에는 언젠가 파트너가 될 수도 있겠다는 막연한 기대를 품기도 했다.

그 시기 나는 거의 모든 시간자본을 눈앞의 컨설팅 업무와 더불어, 그 업무를 잘 해내기 위한 단기 학습에 쏟았다. 그러던 어느 날, 쉴 틈 없이 바쁘게 움직이는 파트너들의 모습을 보며 의문이 들었다. 왜 직급이 높아질수록 더 바빠 보일까. 나는 10년 후 저런 삶을 살고 싶은 걸까.

곰곰이 생각한 끝에 내린 결론은 단순했다. 컨설팅이라는 비즈니스 모델은 자신의 시간을 타인에게 파는 구조다. 시장 가치가 높아질수록 기회비용도 커지고, 지위가 오를수록 아무것도 하지 않는 시간의 비용은 더욱 커진다. 애초부터 여유로운 성격인데다, 인생 후반에는 사색하며 글을 쓰는 삶을 꿈꿔왔던 내게 이러한 깨달음은 적잖은 충격이었다. 지금처럼 모든 에너지를 눈앞의 일에 쏟는 방식은 결국 나를 더 좁은 골목으로 몰아세우는 셈이었다.

그래서 나 자신을 클라이언트로 간주하고 비즈니스 모델 자체를 바꾸는 방법을 고민했다. 결론은 명확했다. 시간을 쪼개 파는 구조에 의존하는 한, 기회비용이 점점 커지는 악순환에서 벗어날 수 없다. 결국 이 굴레를 깨려면 '내'가 아니라 '무언가'가 대신 일해야 한다. 나는 그 대상을 내가 만든 콘텐츠로 정했다. 마흔이 된 이후부터 컨설팅 비중을 절반으로 줄이고, 글쓰기와 콘텐츠 제작에 더 많은 시간자본을 투입했다. 실행 방식은 간단했다. 먼저 논점과 주제를 정하고, 책, 보고서, 사람들과의 대화를 통해 얻은 인풋을 분석해 글로 정리했다. 이를 블로그와 에세이 형태로 꾸준히 올렸다. 스스로 '일주일에 한 편 원고를 반드시 완성해 업로드한다'는 약속을 세우고 성실히 지켰다.

그렇게 5년쯤 지났을 때, 어느 전문 편집자가 내 글을 읽고 책 출간을 제안했다. 그 책은 다음 출판으로, 또 다른 기회로 이어졌다. 영리 기업을 대상으로 한 컨설팅을 넘어 문화시설, 지방자치단체 자문, 공공기관 강연, 라디오 진행, 나아가 세계경제포럼 같은 해외 기관의 연구 멤버 활동으로까지 영역이 확장됐다. 그 과정에서 일과 수입 포트폴리오에도 커다란 변화가 일어났다.

물론 이러한 전환에는 어느 정도 운이 작용한 부분도 있다. 그러나 스스로 불확실성 속으로 걸어 들어가지 않는다면 운이 찾아올 기회조차 없다.

책에서 여러 번 강조했듯, 불확실성이 지배하는 시대일수록 그 불확실성을 삶 안으로 끌어들이는 태도가 중요하다. 핵심 과제 포트폴리오는 바로 불확실성을 긍정적으로 받아들이기 위한 하나의 프레임워크다.

나에게
적용할 수 있는
의사결정의 기술

나는 어떤 인생을 살고 싶은가

이직이나 이사, 결혼처럼 중대한 선택부터 저녁 식사 메뉴나 휴일을 보내는 방식처럼 사소한 결정까지, 인생은 수많은 선택과 의사결정의 연속이다. 그렇기에 날마다 반복되는 의사결정은 인생 경영에서 매우 중요한 의미가 있다. 이 장에서는 경영학에서 다루는 의사결정의 기술(The Arts and Sciences of Decision Making)을 살펴보고, 이를 개인의 삶에 어떻게 적용할 수 있을지 이야기하고자 한다.

나만의 조합 만들기

◆

**경쟁에서 졌기 때문에 패자가 되는 것이 아니라,
경쟁하는 순간 이미 패자가 된 것이다.**

_피터 틸

블루오션 전략은 2005년, 유럽경영대학원의 김위찬 교수와 르네 모보르뉴 교수가 제안한 경영 전략 이론이다. 두 사람이 공동 저술한 《블루오션 전략》은 전 세계적인 베스트셀러로, 이미 읽어본 독자도 있을 것이다.

블루오션 전략은 기존 시장에서의 치열한 경쟁, 즉 '레드오션'에서 벗어나 경쟁자가 쉽게 따라올 수 없는 독자적인 가치를 제안함으로써, 경쟁 자체가 없는 새로운 시장 '블루오션'을 창출하는 것을 목표로 한다. 핵심은 새로운 가치를 조합해 내는 데 있다.

가장 먼저 책에서는 블루오션의 대표 사례로 캐나다의 공연 예술 단체 '태양의 서커스(Cirque du Soleil)'를 소개한다. 'Cirque'는 프랑스어로 '서커스'를 뜻하지만 이들 공연은 기존의 전통적인 서커스와는 전혀 다르다.

태양의 서커스는 기존 서커스가 제공하던 스릴과 유머에 음악성과 예술성, 환상적인 요소를 더해 독창적인 세계관을 창조했다. 여기서 주목할 점은, 이러한 새로운 가치가 무(無)에서 창조된 것이 아니라 기존의 가치를 색다르게 결합한 결과라는 것이다.

이러한 사고방식은 인생의 경영 전략에도 유용하다. 블루오션 전략을 삶에 적용하려면 나만의 고유한 '교차점'을 만드는 것이 중요하다. 독창적인 존재감을 지닌 사람들을 살펴보면, 누구도 모방하기 어려운 독특한 교차점에 서 있다는 사실을 발견할 수 있다. 예를 들어 이들은 모두 자신만의 조합을 통해 새로운 영역을 창출해 냈다.

미국의 록 × 영국의 모즈 = 비틀즈

인문 교양 × 기술 = 애플

저렴한 남성복 소재 × 고급 오트 쿠튀르 = 샤넬

클래식 작곡 이론 × 팝 음악 = 사카모토 류이치

■ 업계 1등이 아니어도 된다

여기서 중요한 사실이 있다. 교차점에 선다는 것은 각 조합의 개별 요소가 반드시 업계 최고 수준이어야 한다는 뜻이 아니다.

대학원에서 문화시설 경영을 연구하던 시절, 런던에 본사를 둔 극장 경영 전문 컨설팅 회사를 취재한 적이 있다. 이 회사에는 컨설팅 회사 출신의 컨설턴트와 금융기관 출신의 애널리스트들이 모여 있었는데, 모두 문화와 예술에 대한 깊은 애정과 이해를 지니고 있었다. 순수하게 컨설턴트나 애널리스트로서의 역량만 본다면 업계 최고 수준이라 하긴 어려웠지만, 그들은 전문성과 더불어 예술과 문화에 대한 식견, 감성, 치밀한 평가 능력을 겸비해 새로운 조합을 만들어 냈다.

이 회사의 업무는 일반적인 컨설팅 회사처럼 인기 콘텐츠를 분석하거나 비용 구조를 정리하는 프로젝트도 포함했지만 그것만으로는 충분하지 않았다. 오케스트라의 경영 분석은 실제 연주를 들어보고 문제점을 진단하며, 악기 파트의 균형이나 레퍼토리 구성까지 평가하는 일이다. 이는 일반적인 컨설턴트나 애널리스트가 쉽게 접근하기 어려운 영역이다.

무엇보다 구성원들은 예술과 음악을 진심으로 사랑했고, 극장이나 미술관을 대상으로 하는 컨설팅을 단순한 업무가 아닌 '천직'으로 받아들였다. 인터뷰 내내 그들이 일에 대해 얼마나 자부심이 있는지 생생하게 느껴졌다.

결국 이 회사는 컨설팅 및 분석 능력과 더불어 예술에 대한 준전문가 수준의 지식과 감성을 결합해 독자적인 입지를 구축했고, 이를 통해 안정적인 수익을 내는 컨설팅 비즈니스를 지속할 수 있었다.

■ 독특한 조합이 중요하다

여기서 주의할 점이 있다.

그들의 역량은 전략 컨설팅, 음악, 미술 비평 등 개별 분야에서 보면 반드시 최정상급이라고 말하긴 어렵다. 실제로 대부분은 컨설팅 업계에서 커리어 한계를 느껴 방향을 전환했지만, 음악이나 미술계에서 전문적으로 활동할 만큼의 수준도 아니었다.

그러나 개별적으로는 최고가 아니더라도 각기 능력이 적재적소에 결합하자 그들은 대체 불가능한 독보적인 존재가 되었다. 나 역시 인문학과 미술사라는 전공을 경영 컨설팅과 연결한 덕분에, 나만의 블루오션을 만들었다.

■ 교차점이 많아질수록 세상은 다양해진다

'조합'이라는 방식은 세상에 새로운 다양성을 만들어 낸다. 예를 들어 세상에 1,000개의 분야가 있고, 각 분야에 단한 명의 챔피언만 존재한다고 가정해 보자. 이 경우 세상에는 최대 1,000명의 챔피언만 남는다. 인구가 아무리 많아도 나머지는 그 지위를 받아들이거나 기존 챔피언을 끌어내리는 경쟁에 뛰어들 수밖에 없다. 모두가 그렇게 극한의 경쟁에 내몰리는, 마키아벨리식 세상을 바라는 것은 아닐 것이다.

하지만 1,000개 중 두 가지 분야를 조합해 활동할 수 있다면 상황은 완전히 달라진다. 교차점을 기준으로 하면 챔피언 수는 단숨에 1,000명에서 49만 9,500명으로 늘어난다.* 교차점이라는 개념 하나만 도입해도 세상에 존재할 수 있는 챔피언의 수가 무려 500배 가까이 증가하는 셈이다. 더 나아가 세 분야를 조합하면 그 수는 무려 1억 6,661만 7천 명에 이른다.**

즉, 각 분야의 교차점만 잘 설정해도 단 1,000명뿐이던 챔피언이 수십만, 수억 명까지 늘어날 수 있다. 이처럼 자신만의 조합을 통해 블루오션을 만들어 간다면, 세상은 지금보다 훨씬 유연하고 자유로운 방식으로 일하는 공간이 될지도 모른다.

---

* (1,000×999)/2 = 499,500
** (10,000×9,999×9,998)/(1×2×3)=166,617,000

■ **조합의 실마리는 과거에 있다**

그렇다면 유일무이한 조합은 어떻게 만들 수 있을까.

그 출발점은 '좋아서 오래 한 일'이다. 다른 사람이 쉽게 따라 할 수 없는 지식, 기술, 감성은 막대한 시간자본이 투입된 결과물이며, 그 속에 새로운 조합의 열쇠가 숨어 있다. 스티브 잡스는 스탠퍼드대학교 졸업식 연설에서 "우리는 미래를 예측할 수 없다. 삶을 만들어 가기 위해서는 과거를 살려 활용해야 한다"고 말하며 "점들을 연결하라"는 메시지를 전했다. 자기만의 자리를 찾기 위한 힌트는 결국 과거에 있고, 그 조각들을 이어 붙여 만든 미래는 다시 과거에 새로운 의미를 부여한다. 이런 축적이야말로 우리가 말하는 '인생의 의미'를 형성하는 기반이 된다.

타율보다 중요한 건
타석 횟수

◆

인터뷰어: 혁신을 어떻게 체계화하셨습니까?
스티브 잡스: 체계화하려고 하면,
그건 더 이상 혁신이 아니에요.

오늘날 이노베이션은 기업 경영에서 핵심적인 화두다. 그러나 방법론의 개발 측면에서는 뚜렷한 성과를 거둔 사례는 아직 드물다. '디자인씽킹(Design Thinking)'처럼 여러 디자인 회사와 경영학자들이 다양한 접근법을 제시했지만, 실제로 여기에서 혁신이 탄생한 경우는 거의 없다. 내가 늘 주장했듯이, 이노베이션에는 정해진 방법론이 존재하지 않는다. 그렇다고 해서 전혀 방법이 없지는 않다. 지금까지의 연구를 보면, 개인이든 조직이든 창의성을 높이는 데 분명히 효과적인 접근법이 하나 있다. 가능한 한 많은 아웃풋을 만들어 내는 것이다.

■ 성공했기 때문에 많이 만든 것이 아니라, 많이 만들었기 때문에 성공했다

의외일 수 있지만, 대부분의 창의성 연구에서는 공통적으로 '양의 중요성'을 강조한다. 산출물의 수가 많아질수록 창의성이 발현될 확률도 높아진다는 것이다.

조직심리학자 딘 키스 사이먼튼(Dean Keith Simonton)은 캘리포니아대학교 데이비스 캠퍼스에서 다빈치, 뉴턴, 에디슨 등 시대를 대표하는 혁신가 2000명의 커리어를 분석했다. 그는 사람들이 흔히 성공했기 때문에 많은 결과물을 낸다고 생각하지만, 실제로는 그 반대라고 지적한다. 많이 만들었기 때문에 성공에 도달할 수 있었다는 것이다.

사이먼튼의 분석에 따르면 예술가나 과학자의 경우, 산출물의 '질'은 '양'과 밀접하게 연결된다. 과학자가 발표한 논문의 수가 많을수록 인용되는 논문 수도 많고, 그들이 인생에서 가장 뛰어난 작품이나 연구를 내놓은 시점은 가장 많은 결과물을 생산한 시기와 정확히 일치했다.

역사에 이름을 남긴 인물들을 보아도, 그들은 질뿐 아니라 양에서도 압도적이었다. 피카소는 약 2만 점의 작품을 남겼고, 아인슈타인은 300편에 가까운 논문을 썼으며, 바흐는 1천 곡 이상을 작곡했다. 에디슨은 1천 건이 넘는 특허를 출원했다. 최고의 질을 이뤄낸 사람들은 동시에 가장 많은 양을 만들어 낸 사람들이었다.

이는 우리가 흔히 생각하는 창의성에 관한 일반적인 생각과는 다르다. 보통은 양과 질이 서로 상충한다고 생각한다. 질을 추구하면 양이 줄고, 양을 늘리면 질이 떨어진다고 믿는다. 하지만 실제 연구는 그 반대 결과를 보여준다. 양을 늘리면 질도 함께 올라간다.

■ 전략의 기본은 쓸데없이 많은 시도

많은 사람들이 이렇게 묻는다. "물론 많이 만들면 뛰어난 아이디어가 나올 수도 있겠지만, 동시에 쓸모없는 결과물도 엄청나게 늘어나지 않나요?" 정답은 그렇다. 그리고 그걸로 충분하다.

사이먼튼의 연구는 예술가나 과학자가 인생 최고의 작품을 만든 시기는 동시에 가장 많은 실수를 저지른 시기였다는 사실을 보여준다. 그들이 남긴 모든 창작물이 걸작이었던 것은 아니다. 오히려 대부분은 지금 거의 아무런 주목을 받지 못한다. 예를 들어 아인슈타인이 남긴 300편의 논문 중 상당수는 인용조차 되지 않는다. 바흐가 작곡한 1천 여 곡 가운데 오늘날 공연장에서 연주되는 작품은 30~50곡에 불과하다. 에디슨이 취득한 1천 건 이상의 특허 중 실제 사업으로 이어진 것은 고작 10~20건이다. 역사에 이름을 남긴 천재조차 진정한 걸작이라 부를 만한 결과물은 전체 중 극히 일부였던 셈이다.

■ 여러 가지 결과물을 삶에 활용하는 법

이런 현상은 통계적으로 설명할 수 있다. 아웃풋의 질은 확률 분포를 따른다. 매우 뛰어난 결과물이 나올 확률은 본래 낮기 때문에, 결국 그 가능성을 높이는 유일한 방법은 시도 횟수를 늘리는 것이다. 이를 시각적으로 표현한 것이 그림 12-1이다. 이 그래프는 시도 횟수가 많은 A와 적은 B를 가정하고, 두 사람의 시도 횟수에 약 3배 차이를 두고 시뮬레이션한 결과를 보여준다. 전체 평균값만 보면 A와 B 모두 비슷하다. 즉, 시도 횟수를 늘린다고 해서 평균적인 아웃풋의 질이 자동으로 높아지는 것은 아니다. 그러나 그래프의 오른쪽을 보면, A는 B보다 평균에서 +2 표준편차 이상 높은 질의 결과물을 훨씬 많이 만들어 냈다. 절대적인 시도 횟수가 많아지면서 고품질의 산출물이 함께 늘어난 것이다. 이것이 바로 '많이 시도한 끝에 얻는 뛰어난 아웃풋'의 정체다.

반대로 그래프 왼쪽을 보면, A는 B보다 평균에서 -2 표준편차 이상 떨어진, 매우 낮은 질의 결과물도 더 많이 만들어 냈다. 이는 사이먼튼이 말한 가장 생산성이 높은 시기에 동시에 나타나는 형편없는 아웃풋이 무엇인지 잘 보여준다.

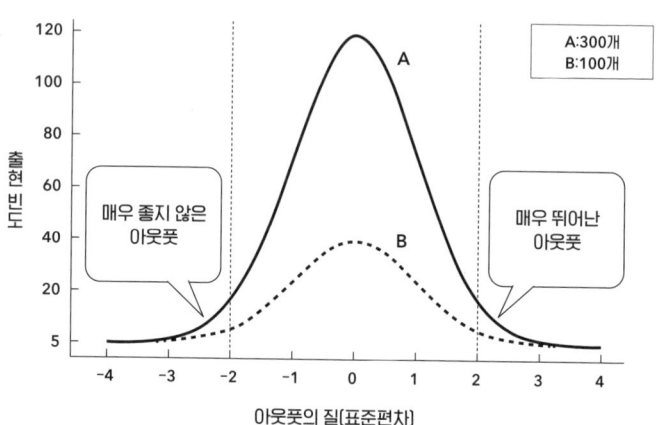

| 그림12-1 | 아웃풋의 질과 시도 횟수의 관계

■ 성공과 실패의 비용 대비 효과는 비대칭

혹자는 이렇게 생각할 수도 있다. '뛰어난 아웃풋이 나오는 건 좋지만, 동시에 형편없는 아웃풋까지 함께 나온다면 결국 효과는 상쇄되지 않을까'. 물론 상황이나 업종에 따라 정도의 차이는 있을 수 있다.

그러나 일반적으로 매우 뛰어난 아웃풋이 가져오는 리턴과, 형편없는 아웃풋으로 인한 손실은 비대칭이며, 대부분의 경우 리턴이 훨씬 크다. 형편없는 아웃풋은 대개 무시되거나 잊히지만, 뛰어난 아웃풋은 단번에 사회적 자본을 쌓고, 평생 금융·평판·기회 등 다양한 자본 형성에 기여한다.

야구로 비유하자면 장타(2루타 이상)는 지속적인 큰 리턴을 만들지만, 평범한 타(범타)는 일시적이고 작은 손실에 그친다. 이 경우 가장 합리적인 전략은 가능한 한 많은 타석에 서는 것이다. 인생에서 중요한 KPI는 타율이 아니라 타석에 얼마나 자주 섰는가다.

■ 타율보다 타석에 얼마나 섰는지가 중요하다

이러한 비대칭성은 특히 인생의 봄에 해당하는 젊은 시기에 더욱 중요하게 작용한다. 뛰어난 아웃풋은 시간이 지날수록 사회적 자본으로 전환되므로, 홈런을 일찍 칠수록 누적 효과는 커진다. 반면 형편없는 아웃풋의 손실은 나이가 들수록 더 무겁게 작용한다.

그림 12-2는 젊을 때와 나이가 들었을 때 실패가 불러오는 리턴과 손실의 관계를 시각적으로 나타낸 자료다. 앞서 말했듯이 뛰어난 아웃풋은 시간이 지나며 사회적 자본으로 전환된다. 즉, 홈런을 치는 시점이 빠를수록 홈런이 가져오는 리턴의 누적 효과는 훨씬 커지지만, 형편없는 아웃풋이 초래하는 손실은 시간이 흐를수록 커진다. 젊었을 때의 실패는 '시도는 좋았다'는 긍정적인 평가로 넘어갈 수 있지만, 나이가 들면 같은 실패가 냉정한 평가로 이어질 가능성이 크다.

| 그림12-2 | 연령과 리턴의 관계

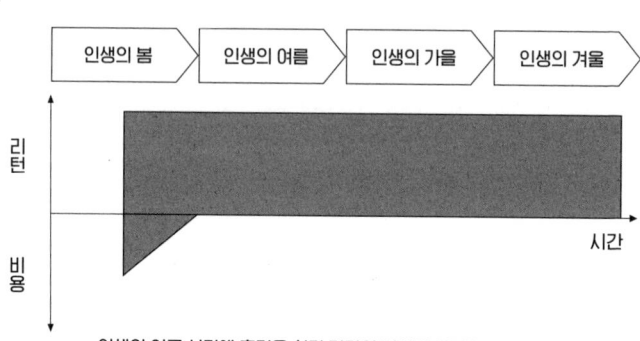

- 인생의 이른 시점에 홈런을 치면 기간의 길이가 리턴으로 돌아온다
- 실패 시 충격이 작고 빠르게 잊을 수 있다

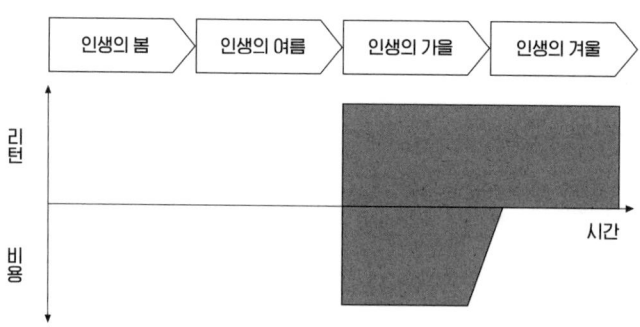

- 인생의 늦은 타이밍에 홈런이 나와도 기간이 짧은 만큼 리턴도 적어진다
- 실패의 충격이 크고 책임이 필요하다

성공과 실패의 확률 자체는 인생 전체를 통틀어 보면 일정하지만, 실패가 초래하는 비용은 인생 후반부로 갈수록 커진다. 이러한 점을 고려하면 젊은 시절에 가능한 한 자주 타석에 서는 것이 합리적인 전략이다.

■ 계속 실패하기란 의외로 어렵다

마지막으로 한마디만 덧붙이고 싶다. 지금껏 타율은 신경 쓰지 말고 무조건 타석에 많이 서서 일단 배트를 휘두르는 것이 중요하다고 강조했다. 하지만 실제로는 계속 실패만 반복하는 일은 생각보다 쉽지 않다.

이는 확률의 문제다. 우리의 직관은 종종 확률과 어긋나기 때문에 조심해야 한다. 예를 들어 축구 경기장에서 각 팀 선수 22명과 심판 3명을 합쳐 총 25명이 있다고 하자. 이 중에서 생일이 같은 사람이 있을 확률을 내기하면 대부분 사람들은 '없다'에 건다. 실제로 강연에서 이 질문을 던지면 청중의 90% 이상이 그렇게 반응한다. 그러나 통계적으로 계산해보면 생일이 같은 사람이 있을 확률은 무려 56.9%에 달한다. '있다'에 거는 쪽이 옳다.

사람 수가 더욱 많아지면 그 확률은 더 높아진다. 한 반에 40명이 있다고 가정한다면 생일이 같은 사람이 있을 확률은 89%까지 올라간다. 우리는 종종 같은 반에서 생일이 같은 사람이 있으면 서로 '신기한 우연'이라고 여기지만, 실제로는 훨씬 자연스럽게 자주 일어나는 일이다.

이런 통계는 타율과 타석 수의 관계에도 그대로 적용된다. 타율이 1%인 사람이 타석 한 번에서 안타를 칠 확률은 당연히 1%다. 그러나 그가 100번 타석에 서면 적어도 한 번은 안타를 칠 확률이 63.4%로 올라간다. 타율이 10%라면, 100번 타석에 섰을 때 단 한 번도 안타를 치지 못할 확률은 0.1% 이하다. 결국 시도하다 보면 반드시 안타가 터질 가능성이 아주 높고, 한 번의 안타가 계속 다음 기회를 불러오며 인생의 흐름 전체를 바꿀 수도 있다.

많은 사람들은 타율을 높이기 위해 여러 노력을 기울인다. 물론 중요하다. 하지만 타율에는 언제나 운이 작용하기 때문에 이를 끌어올리는 일은 생각보다 어렵다. 반면 타석에서는 횟수는 전적으로 자신의 의지와 행동에 달려 있다. 스스로 결정할 수 있는 영역이기도 하다.

경영학에서 이노베이션을 연구한 끝에 밝힌 결론은 명확하다. 창의성의 열쇠는 타석에 선 횟수를 뜻한다. 그렇다면 인생이라는 경영 전략에서 우리가 집중해야 할 것은 한 가지다. 가능한 한 많이, 자주, 타석에 서서 힘껏 방망이를 휘두르는 일이다.

13 절대우위의 전략

어느 쪽으로 가도
이득인 선택을 한다

◆

**이익을 추구하겠다는 단 하나의 생각에
끝까지 충실하라.**

_니노미야 손토쿠

이번 장에서는 게임이론을 인생의 경영 전략에 어떻게 적용할 수 있을지 살펴본다. 게임이론은 경영, 외교, 스포츠 등 자신 이외의 타인이 플레이어로 참여하는 상황에서 최적의 의사결정을 내리기 위한 수학적 이론이다.

여기서는 상대의 반응이나 환경 변화에 따라 달라지는 선택지 각각의 순수한 리턴을 분석한다. 이때, 어떤 반응이 돌아오더라도 자신이 가진 선택지 중 리턴이 가장 큰 것을 '절대우위 전략'이라고 한다.

종종 이를 상대가 어떤 선택을 해도 우위를 유지할 수 있는 전략으로 오해하지만, 이는 잘못된 이해이므로 주의가 필요하다. 실전에 게임이론을 적용할 때 가장 중요한 것은 바로 절대우위 전략을 찾아내는 일이다. 이제 구체적인 사례를 통해 살펴보자.

■ 1983년 아메리카스컵 챔피언 요트의 선택

이번에 살펴볼 사례는 1983년 열린 아메리카스컵 결승전이다. 아메리카스컵은 챔피언 요트(방어 측)와 도전자 요트가 1 대 1로 맞붙는 매치 레이스 방식으로, 일곱 번의 레이스 중 네 번을 먼저 이긴 팀이 우승을 차지한다.

경기에서는 두 대의 요트가 같은 출발선에서 동시에 출발해, 바다 위에 설치된 여러 개의 마크를 정해진 순서대로 돌아 결승선에 먼저 도착하는 쪽이 승리한다. 마크를 도는 순서만 지키면 항로는 자유롭게 선택할 수 있으며, 이때 풍향이 승부를 가르는 핵심 변수이다. 바람만을 동력으로 삼는 요트 경기에서는 풍향 변화에 따라 최적 항로가 크게 달라지기 때문에, 아메리카스컵과 같은 대회에서는 극도로 정밀하게 풍향을 예측한다.

이제 다음 상황을 떠올려 보자. 1983년 결승전이 네 번째 레이스까지 끝났을 때, 데니스 코너(Dennis Conner)가 스키퍼(skipper, 선장 겸 리더)를 맡은 미국의 챔피언 요트 리버티(Liberty)

호가 3승 1패로 앞서 있었다. 132년 동안 단 한 번도 타이틀을 내주지 않았던 뉴욕 요트클럽의 관전 요트에는 이미 축하용 고급 샴페인이 가득했고, 크루들의 가족들은 성조기 색상의 드레스를 차려입고 선수들이 돌아오기만을 손꼽아 기다렸다.

다섯 번째 레이스가 시작되자, 도전자 요트 오스트레일리아 II(Australia II)호가 플라잉(부정 출발) 판정을 받아 출발선으로 되돌아갔다. 그 틈에 챔피언 요트는 무난히 37초나 앞서 나갔다. 최고 수준의 요트 경기에서는 몇 초 차이로 승패가 갈리는 것을 생각하면, 스타트 실수는 치명적이었다. 누구나 이제 챔피언 요트의 승리가 굳어졌다고 믿었다.

하지만 도전자 요트의 스키퍼 존 버트런드(John Bertrand)는 풍향이 안정적이라는 기상 예보를 무시하고, 풍향이 크게 바뀔 가능성에 베팅했다. 그는 과감히 좌측 코스로 항로를 틀어 추격에 나섰다. 당시의 풍향을 감안하면 챔피언 요트가 기존 코스를 유지하는 편이 훨씬 유리했다. 만약 당신이 챔피언 요트의 스키퍼였다면 다음 두 가지 중 어느 쪽을 선택했을까?

① 현재 풍향에 최적인 코스를 그대로 유지한다
② 속도가 떨어질 위험이 있지만, 도전자 요트와 같은 방향으로 항로를 바꾼다

데니스 코너는 첫 번째 전략을 택했다. 그러나 결과는 예상 밖이었다. 기상 예보와 달리 풍향이 크게 바뀌었고, 이는 도전자 요트에 절대적으로 유리하게 작용했다. 결국 오스트레일리아 II호는 1분 47초 차이로 극적인 역전승을 거뒀다. 이 경기를 기점으로 흐름은 완전히 뒤집혔다. 이후 도전 요트는 연승을 거듭했고, 마침내 132년간 이어진 미국의 연승이 막을 내렸다. 아메리카스컵은 역사상 처음으로 태평양을 건너 오스트레일리아로 향했다.

■ 경기에서 절대우위 전략이란

이 경기를 게임이론의 관점에서 분석해 보면, 챔피언 요트의 스키퍼였던 데니스 코너는 절대우위 전략이 있었음에도 이를 선택하지 않아 패배를 자초한 셈이다. 도전 요트가 크게 방향을 틀었을 때, 그와 같은 방향으로 항로를 바꿨더라면 역전은 일어나지 않았을 것이다.

상황을 다시 나누어 살펴보자. 먼저 풍향이 변하지 않았을 경우를 생각해 보자. 항로를 바꾸지 않고 기존 경로를 유지하면, 격차는 더욱 벌어져 승리를 확정 지을 수 있다. 반면 도전 요트와 같은 방향으로 항로를 틀 경우, 속도는 다소 떨어질 수 있지만 상대도 같은 조건이므로 위치 관계는 변하지 않는다. 결과적으로 승리는 그대로 유지된다.

| 그림13-1 | 챔피언 요트의 이득 매트릭스

 문제는 풍향이 바뀌는 경우다. 이때 기존 경로를 고수하면, 도전 요트가 유리한 바람을 타고 치고 나가 역전당할 위험이 커진다. 그러나 도전 요트와 같은 방향으로 움직였다면, 풍향이 어떻게 변하든 상대적 위치는 그대로 유지돼 선두를 지킬 수 있다.

 결국 이 경기에서 데니스 코너가 취했어야 할 절대우위 전략은, 도전 요트와 같은 방향으로 항로를 바꾸는 것이었다. 도전 요트의 입장에서 보면, 이미 40초 가까운 격차가 난 상황에서 챔피언 요트와 동일한 항로를 선택하면 풍향이 바뀌더라도 역전은 사실상 불가능하다. 유일하게 승산이 있는 시나리오는 챔피언 요트와 다른 항로를 택한 뒤, 풍향이 크게 변해 그 선택이 유리하게 작용하는 경우뿐이다.

따라서 도전 요트에도 항로를 바꾸는 것이 절대우위 전략이었다. 이때 도전 요트가 가장 두려워한 상황은, 자신이 선택한 항로를 챔피언 요트가 그대로 따라오는 경우였다. 풍향이 바뀌든, 조류가 변하든, 선두를 달리는 챔피언 요트가 같은 항로만 유지한다면 역전의 가능성은 처음부터 봉쇄되기 때문이다.

■ 역배팅은 인생 초반에는 효과적

이런 사례가 요트 레이스처럼 특수한 상황에서만 적용되는 것처럼 보일 수도 있지만, 결코 그렇지 않다. 우리의 인생은 매일 선택과 의사결정의 연속이며, 그 안에는 절대우위의 선택지가 존재하는 경우가 적지 않다. 여기서 사고 실험을 하나 해보자.

당신은 이제 막 경력을 쌓기 시작한 무명의 젊은 이코노미스트로, 자신의 이름을 세상에 알리고 싶어 한다. 이번에 수행한 경제 예측은 다음과 같은 확률 분석 결과를 보여준다.

주가 상승: 60%

주가 하락: 40%

분석 결과만 보면 주가가 오를 가능성이 더 높지만, 일부 지표는 하락을 시사한다. 이 상황에서 당신은 세상에 어떤 예측을 내놓을까. 대부분은 묻지 않아도 주가 상승이라고 답할 것이다. 자신이 분석한 결과가 그렇게 나왔으니 말이다. 하지만 이 선택이 정말 옳을까.

당신의 목표가 이코노미스트로서 세상에 이름을 알리는 것이라면, 고려해야 할 것은 단순히 자신의 분석 결과만이 아니다. '다른 이코노미스트들은 어떤 예측을 하고 있는가?'라는 점도 중요하다. 조사해 보니 특히 유명한 이코노미스트들의 예측은 이러했다.

주가 상승 예측: 90%
주가 하락 예측: 10%

압도적으로 대다수가 주가 상승을 예측하는 상황이다. 그렇다면 당신이 세상에 내놓아야 할 절대우위 전략은 주가 하락 예측이다. 왜 그럴까.

상황별로 얻을 수 있는 이득을 따져보자. 먼저 선택지는 주가 상승과 주가 하락 두 가지이며, 유명 이코노미스트 90%가 상승을 예측한 상태라는 조건이 주어졌다. 이때 실제로 주가가 상승했을 경우와 하락했을 경우로 나누어 보자.

먼저 주가가 실제로 상승했을 경우이다. 당신이 주가 상승을 예측했다면 맞히긴 했지만 이미 대부분이 같은 예측을 했기 때문에 눈에 띌 이유도 없고 별다른 손해도 입지 않는다 예측이 적중했어도 이득은 사실상 0이다. 반면 주가 하락을 예측했다면 예측 자체는 빗나가고 다른 유명 이코노미스트들은 예측이 적중한다. 하지만 무명인 당신에게는 큰 손실은 없다. 이 경우 역시 이득도 손실도 0이다.

다음으로 주가가 실제로 하락했을 경우를 생각해 보자. 당신이 주가 상승을 예측했다면 다른 이코노미스트들과 함께 예측은 틀리므로, 역시 주목을 받지 못하고 결과적으로 이득도 손실도 없다.

그러나 당신이 주가 하락을 예측했다면 이야기가 달라진다. 오직 당신의 예측만 적중하고, 다른 유명 이코노미스트들은 모두 빗나간다. 이 순간 당신은 하락장을 정확히 예측한 신입 이코노미스트로 세간의 주목을 받게 되어 평판과 명성이 급격하게 높아진다.

결국 무명에서 이름을 알리려는 단계에 서 있는 이코노미스트라면, 설령 자신의 분석 결과, 주가가 상승할 가능성이 높게 나왔다 해도, 유명 이코노미스트 대부분이 상승을 예측하는 상황에서는 역으로 하락을 점치는 편이 절대우위 전략이라는 결론에 도달한다.

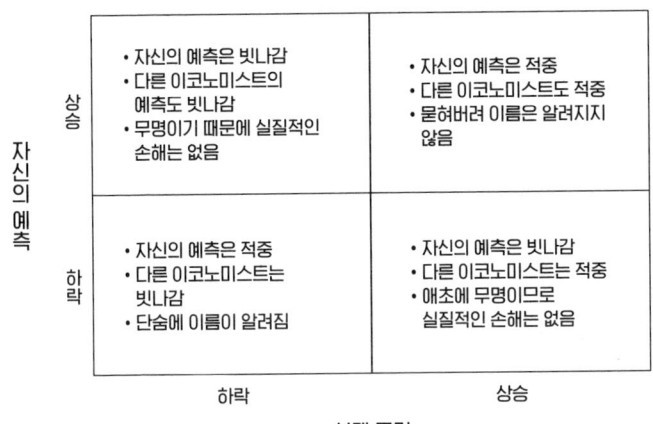

| 그림13-2 | 무명 이코노미스트의 이득 매트릭스

■ 성과가 승리를 보장하지는 않는다

앞서 구체적으로 살펴본 여러 사례에서 절대우위 전략의 공통된 특징이 하나 드러난다. 그것은 바로 '성과를 높이는 선택지'와 '게임에서 이기는 선택지'가 반드시 일치하지는 않는다는 점이다.

예를 들어 아메리카스컵 사례를 보자. 풍향 예보를 무시하고 진로를 바꾸는 선택은 요트의 속도를 높인다는 측면에서는 결코 이상적인 전략이 아니었다. 그러나 경기에서 승리한다는 관점에서는 충분히 합리적인 선택이었다. 주가 예측 사례도 마찬가지다. 자신의 분석 결과와 달리 주가 하락을 예측하는 것은 정확한 분석과 예측이라는 기준에서 보면 바람직하지 않다. 그러나 이코노미스트로서 이름을 알리고 경쟁에서 이기기 위한 전략이라는 관점에서는 타당했다.

우리는 종종 지금 '자신이 어떤 게임을 하고 있는지'라는 관점을 잊은 채, 눈앞의 성과를 내는 데만 몰두하곤 한다. 하지만 단기적인 성과를 아무리 쌓아도, 인생이라는 더 큰 게임에서 패배한다면 성과는 아무 의미가 없다. 게임이론에서 말하는 절대우위 전략의 시각으로 선택지를 분석할 수 있다면, 눈앞의 퍼포먼스에만 매달리다가 정작 중요한 것을 놓치는 실수를 피할 수 있다.

14 순현재가치

미래 가치를 고려한
시간 배분법

◆

사람에 대한 투자는 그 어떤 투자보다도
높은 수익을 가져다준다.

_게리 베커

경영학의 재무 이론에서는 여러 선택지(옵션)가 지닌 경제적 가치를 동일한 기준에서 비교하기 위해, 각 선택지의 가치를 현재 시점으로 환산한다. 이렇게 환산된 가치를 재무 용어로 '순현재가치(Net Present Value)', 줄여서 NPV라고 부른다.

선택지마다 효과가 나타나는 시점이나 그 효과가 지속되는 기간이 다르기 때문에 단순 비교가 어렵다. 바로 이때 NPV라는 개념이 필요하다. 이를 수식으로 간단히 표현하면 다음과 같다.

미래에 걸쳐 발생하는 효과의 총합 × 할인율 ― 투자 금액
= 순현재가치

물론 실제 계산은 아래의 수식처럼 복잡하게 나타낼 수 있지만, 여기에서는 계산 방식을 자세하게 따져보기보다는 NPV라는 개념이 무엇을 의미하는지 이해하는 것이 더 중요하다.

$$NPV = \sum_{t=1}^{n} \frac{CF_t}{(1+r)^t} - I_0$$

: 기간에 발생하는 현금흐름(Cash Flow)

: 할인율 (Discount Rate)

: 현금흐름이 발생하는 시점 (연도 또는 기간)

: 프로젝트의 전체 기간 (연수)

: 초기 투자 금액

여기서 핵심은 '할인율'이라는 개념이다. 수식에서 할인율을 곱하는 이유는, 현재 시점의 돈과 미래의 돈이 금액은 같더라도 서로 가치가 다르다고 보기 때문이다.

예를 들어, 지금 당장 100만 원을 받을 수 있는 옵션 A와 10년 뒤에 100만 원을 받을 수 있는 옵션 B가 있다고 하자. 대부분의 사람은 주저 없이 옵션 A를 선택할 것이다. 금액은 같지만 두 옵션의 가치는 분명 다르게 느껴지기 때문이다.

지금 당장 100만 원을 손에 쥔다면 이를 투자하거나 활용해 더 큰 가치를 만들어 낼 수 있다. 예를 들어 연이율 2%로 운용한다면, 10년 뒤에는 1,218,994원이 된다. 실제로 연 2%의 수익을 낼 수 있을지는 별개의 문제지만, 이러한 가능성이 존재하는 한, 지금의 100만 원과 10년 뒤의 100만 원은 같은 가치라고 볼 수 없다.

기업이 NPV를 계산할 때의 할인율은 투자 자금의 성격(자기 자본인지 차입 자본인지), 산업의 특성, 미래 수익의 불확실성 등 다양한 요소를 종합적으로 반영해서 결정된다. 그러나 개인이 인생의 경영 전략을 세울 때, 할인율은 불확실성이라는 단일 요소로 결정된다고 보아도 무방하다.

■ 눈앞의 가치에만 매달리면 위험하다

인생 경영 전략에 NPV 개념을 적용해 보면, 크게 세 가지 핵심을 정리할 수 있다.

첫째, 투자를 통해 얻는 효과는 대부분 미래의 일정 기간에 걸쳐 나타난다.
둘째, 그 효과가 지속되는 기간은 프로젝트에 따라 크게 다르다.
셋째, 효과의 크기와 지속 기간에는 항상 일정 수준의 불확실성이

존재한다.

다소 당연한 이야기로 들리지만, 실제 상황에 이를 적용하는 일은 결코 쉽지 않다. 그 이유는 인간은 본능적으로 '현재 편향(present bias)'을 갖고 있기 때문이다. 이는 지금 당장의 비용과 이익이 의사결정에 과도하게 영향을 미치는 경향을 뜻한다. 다시 말해, 우리는 눈앞의 작은 이익을 미래의 더 큰 이익보다 높게 평가하는 인지적 오류에 쉽게 빠진다. 예를 들어 연봉으로 6,000만 원을 받는 사람이 있다고 하자. 이 사람이 1,000만 원을 들여 특정 프로그래밍 언어를 배우고, 다음 달부터 앱 개발 부업으로 매월 200만 원의 이득을 얻는 선택(옵션 A)과, 2억 원을 투자해 해외 대학에서 인공지능 관련 학위를 취득하고 이후 연봉을 두 배로 높여 이직하는 선택(옵션 B)을 비교해 보자.

여기서 제시하는 NPV 수치는 어디까지나 가상의 사고 실험일 뿐이며, 특정 커리어를 권하는 의도는 없음을 미리 밝혀둔다. 두 가지 옵션을 단기적인 비용 대비 효과 관점에서 비교하면 다음과 같다.

옵션 A: 프로그래밍 학습
초기 비용: 1000만 원

1년 차 효과: +2400만 원 (비용의 2.4배)

손익: +1400만 원

옵션 B: 인공지능 학위 취득

초기 비용: 2억 원

1년 차 효과: +6000만 원

손익: -1억 4000만 원

단기적인 계산으로 보면 옵션 A가 훨씬 유리해 보인다. 그러나 여기에 NPV 개념을 적용하면 이야기는 전혀 달라진다. 할인율과 기간이라는 조건을 설정해 두 옵션의 현재 가치를 비교해 보자.

옵션 A는 효과가 비교적 확실하므로 할인율을 낮게, 연 5%로 설정하고 활용 가능 기간은 5년으로 가정한다. 반면 옵션 B는 이직이라는 불확실성이 포함되어 있으므로 할인율을 연 10%로 높게 잡고, 트렌드 변화를 고려해 지속 기간을 10년으로 설정한다.

이 조건으로 NPV를 계산하면 결과는 다음과 같다.

옵션 A: 프로그래밍

초기 투자: 1,000만 원 / 연간 수익: 2,400만 원 / 기간: 5년

할인율: 5%

NPV = 9,390만 7,440원

옵션 B: 인공지능 학위 취득

초기 투자: 2억 원 / 연간 수익: 6,000만 원 / 기간: 10년

할인율: 10%

NPV = 1억 6,867만 4,030원

이처럼 단기적인 판단과 달리, 순현재가치로 비교하면 인공지능 학위를 취득하는 선택(옵션 B)이 더 나은 결과를 가져온다는 결론에 이르게 된다.

물론 할인율과 기간의 설정에 따라 NPV는 크게 달라질 수 있다. 예를 들어 옵션 B의 할인율을 20%로 높이면 NPV는 약 5,150만 원까지 떨어져, 오히려 프로그래밍을 배우는 편이 더 유리하다는 결론이 나올 수도 있다. 하지만 중요한 점은 할인율과 기간이라는 개념을 포함해 장기적 관점에서 비교하면 단기적 계산과는 전혀 다른 시야가 열린다는 사실이다. 이것이야말로 인생을 경영 전략의 관점에서 바라볼 때 필요한 사고방식이다.

■ 성과를 거두는 데 걸리는 시간을 고려한다

쇼와 천황의 가정교사로 오랫동안 활동했던 게이오기주쿠대학의 고이즈미 신조(小泉信三, 게이오대학 총장을 지낸 일본의 경제

학자-역주)는, 산업계로부터 바로 현장에 투입할 수 있는 인재를 양성해 달라는 요청을 받았으나, 현장에서 즉시 쓸 수 있는 지식은 오래 가지 않아 금세 쓸모를 잃는다는 이유로 제안을 단호하게 거절했다고 한다.

그는 교육의 목적이 단기적으로 유용한 기술을 가르치는 데 있는 것이 아니라, 장기적으로 도움이 되는 기초력과 사고력을 기르는 데 있다고 생각했다. 그리고 이러한 신념을 바탕으로 산업계의 요구를 물리쳤다. 이는 곧 교육의 NPV 문제라고 할 수 있다.

최근 여러 분야에서 인적 자본에 관한 논의가 활발하게 이루어지고 있는데, 역시 기본적으로 같은 생각에 뿌리를 두고 있다.

인적 자본이라는 개념은 경제학자 게리 베커가 제창한 것이다. 그는 사회의 모든 유형의 투자를 비교한 끝에, 사람에 대한 투자가 장기적인 리턴이 가장 크다는 사실을 밝혀내고 이 개념을 제안했다.

일본에서도 최근 금융 투자에 대한 관심이 높아지고 있다. 그러나 베커의 지적을 상기한다면, 장기적인 리턴이 가장 큰 대상은 주식도, 채권도, 부동산도 아닌 바로 '자신에 대한 투자'라는 점을 잊어서는 안 된다. 특히 젊을수록 학습을 통해 얻은 리턴은 더욱 오랜 기간 누릴 수 있으므로, 이 사실은 매우 중요하다.

■ 유행하는 기술과 지식에 시간 낭비하지 않는다

유행하는 기술이나 지식에 시간자본을 투입하는 일은 가장 피해야 할 전략이다. 그렇다면 시간이 흘러도 여전히 유효한 영역이나 활동은 무엇일까. 요즘 세상에는 '미래에는 ○○ 분야의 지식이 도움이 된다'는 식의 제안과 예측이 넘쳐난다. 그러나 이런 이야기를 그대로 받아들이면 두 가지 측면에서 큰 문제가 생긴다.

첫째, 이러한 예측은 대부분 맞지 않는다는 점이다. 폴 그레이엄(Paul Graham)은 "기술에 관한 미래 예측이 한 번도 맞은 적이 없다"고 말한 바 있다. 이는 비단 기술 분야에만 국한된 이야기가 아니다. 과거의 경제 예측이나 인구 예측 사례를 보더라도, 애초에 예측이란 빗나간다는 전제를 설정하는 편이 더 안전하다.

둘째, 설령 예측이 적중하더라도 수요와 공급의 원리에 따라 해당 지식이나 기술을 습득한 사람이 급격히 늘어나면, 결국 지식과 기술의 가치는 떨어지고 예상한 NPV보다 훨씬 낮은 결과로 이어질 가능성이 크다.

이처럼 불확실한 예측에 휘둘려 시간자본의 배분을 결정하는 행동은, 전략적 관점에서 보았을 때 앞서 살펴본 절대우위 전략과는 정반대로 '절대적으로 불리한 전략'이 되고 만다.

■ 가장 오래 가는 경쟁력은 인문 교양에서 나온다

미래를 예측할 수 없다면, 장기적으로 무엇이 도움이 될지 미리 파악하기란 불가능해 보인다. 그러나 한 가지는 분명히 말할 수 있다. 인간에게 오랫동안 변함없이 중요한 가치는 앞으로도 그 중요성을 유지할 가능성이 높다는 점이다.

이런 관점에서 볼 때, 시간자본을 활용하는 방식 중 순현재가치가 가장 큰 선택은 인류가 남긴 고전과 명작, 다시 말해 인문 교양을 접하는 일이다. 그렇기에 서구의 엘리트 학교들은 인문 교양 교육을 무척 중시한다. 나의 저서《철학은 어떻게 삶의 무기가 되는가》에서도 이 사실을 다룬 바 있다.

경영자 교육으로 유명한 미국의 아스펜 연구소에서는 세계 유수 기업의 최고경영자들을 한 자리에 모아놓고 아리스토텔레스를 비롯한 철학과 문학의 고전을 읽는다.

손익 계산에 능한 이들이 상당한 기회비용을 감수하면서까지 인문 교양을 공부하는 이유는 분명하다. 교양이야말로 순현재가치가 가장 높은 투자이기 때문이다.

15 선택권의 가치

항상 여러 선택지를 손에 쥔다

◆

**변경할 수 없는 계획은
언제나 나쁜 계획이다.**

_푸블릴리우스 시루스

옵션 밸류(option value)란 말 그대로 '선택권의 가치'를 뜻한다. 기업 경영에서는 수많은 의사결정을 내리게 되는데, 이때 각각의 선택지는 그 자체로 경제적 가치가 있다. 대표적인 예로 금융 거래에서 활용되는 콜옵션(Call Option, 미래에 일정한 가격으로 자산을 살 수 있는 권리 - 역주)과 풋옵션(Put Option, 미래에 일정한 가격으로 자산을 팔 수 있는 권리 - 역주)이 있다.

예를 들어 현재 A사의 주가가 50달러이고, 향후 상승할 것으로 예상된다고 하자. 일반적으로는 A사의 주식을 직접 매수하는 것이 바람직하다. 그러나 지금 손에 쥔 돈이 10달러뿐이라면, 미래에 A사의 주식을 50달러에 살 수 있는 권리를 5달러에 사는 방법이 있다. 이것이 콜옵션이다.

    콜옵션을 산 뒤 실제로 주가가 70달러로 오르면 50달러를 조달해 옵션을 행사한 뒤 주식을 매수하고, 이를 시장에서 70달러에 매도하면 20달러의 차익을 얻는다. 이때 옵션 구매 비용 5달러를 제외하면 실질 차익은 15달러다. 반대로 주가가 하락하면 옵션을 행사하지 않고 권리를 포기하면 된다. 이 경우 손실은 옵션 구매 비용 5달러로 제한된다.

    반대 상황도 생각해 보자. 현재 A사의 주식을 50달러에 보유하고 있는데, 주가 하락이 우려된다면 손실을 줄이기 위해 당장 매도할 수도 있다. 하지만 그렇게 하면 이후 주가가 반등했을 때의 수익 기회를 잃게 된다. 이럴 때 미래에 A사의 주식을 50달러에 팔 수 있는 권리를 5달러에 사는 방법이 있다. 이것이 풋옵션이다. 이후 주가가 30달러까지 떨어지면, 풋옵션을 행사해 50달러에 주식을 팔 수 있으므로 손실을 방어하고 투자금의 가치를 지킬 수 있다.

    이처럼 옵션을 활용하면 주식의 높은 변동성(리스크)을 감수하면서도 손실을 제한하고, 리스크를 효과적으로 관리할 수 있다.

■ 일상에서도 옵션 개념을 사용한다

옵션이라는 개념은 다소 추상적이고 이해하기 어려울 수 있지만, 사실 우리 일상에서도 다양한 형태의 옵션 밸류가 존재한다. 예를 들어 온라인 쇼핑에서 흔히 볼 수 있는 반품 보장 제도는 일종의 풋옵션이다. 온라인 쇼핑은 실물을 직접 확인하지 못하고 구매해야 하므로 오프라인 매장보다 리스크가 크다. 이를 줄이기 위해 마련된 반품 보장 제도는, 구매자가 감수해야 할 손실 가능성에 대해 '구입한 물건을 같은 금액에 되팔 수 있는 권리', 즉 풋옵션을 제공함으로써 손실을 상쇄한다.

콜옵션의 대표적인 사례는 부동산 거래에서 흔히 볼 수 있는 계약금 제도다. 마음에 드는 매물이 있는데 다른 사람이 먼저 계약할까 봐 걱정될 때, 계약금을 지급해 해당 매물을 확보한다. 전체 금액을 지불하지 않고 계약금만으로 매수를 확정할 수 있는 권리를 확보하므로, 이 역시 콜옵션이라 할 수 있다.

■ 실제 의사결정에 옵션 밸류의 사고방식을 적용

금융 분야의 옵션 개념을 기업의 다양한 의사결정에 응용하려는 시도를 '리얼 옵션(Real Option, 불확실한 상황에서 미래의 특정 선택권을 현재 보유함으로써 가치를 창출할 가능성 - 역주)'이라 부른다.

기업 경영에는 대부분 높은 불확실성이 따르기 때문에, 어떤 상황이 발생하더라도 방향을 바꾸거나 취소할 수 있는 선택지를 확보하는 것이 생존의 핵심이다. 다시 말해, 옵션을 줄이는 방향의 의사결정은 당장 눈에 띄는 손실이 없더라도 원칙적으로 항상 불리한 선택이다. 예상치 못한 상황이 닥쳤을 때 전환, 중단, 철수와 같은 대안을 잃게 되기 때문이다.

최근에는 '선택과 집중'이라는 표현이 마치 경영의 본질인 것처럼 자주 언급된다. 그러나 불확실성이 커지는 시대일수록 선택과 집중보다는 오히려 '보류와 분산'이 더욱 필요하다. 이것이 바로 리얼 옵션의 핵심이다.

리얼 옵션은 기업이 전략적 의사결정을 내릴 때, 즉시 결정을 확정하기보다 상황이 더욱 명확해질 때까지 선택을 보류하는 것에 가치를 둔다. 신규 사업, 설비 투자, 연구개발 등 다양한 상황에서 전체 자원을 한꺼번에 투입하지 않고, 다음과 같은 방식으로 선택지를 유지하며 점진적으로 판단을 내린다.

타이밍의 유연성

투자나 사업을 시작하는 시점을 유동적으로 조정하며, 미래 상황의 변화와 리스크를 충분히 살핀다.

확장의 옵션

초기에는 소규모로 시작한 뒤, 성공 가능성이나 시장 성장성이 확인되면 추가 투자를 통해 사업을 확장한다.

포기 또는 축소의 옵션

시장 환경이나 기술 전망이 좋지 않을 경우, 프로젝트를 과감히 중단하거나 규모를 줄여 손실을 최소화한다.

이처럼 다양한 옵션을 유기적으로 조합하고, 성급하게 결정을 확정해서 기존의 선택지를 스스로 좁히지 않는 태도야말로 리얼 옵션 사고방식의 핵심이다.

■ 성공한 사람일수록 옵션 밸류를 확보한다

어떤 독자들은 '결국 성공한 사람들도 리스크를 감수하고 과감한 결정을 내린 것 아니냐'고 생각할 수 있다. 아마도 성공한 인물들은 위험을 두려워하지 않는다는 이미지가 강하게 각인되어 있기 때문일 것이다. 그러나 이 부분은 좀 더 신중하게 바라볼 필요가 있다.

엄밀히 말하면 이는 통계적 오류에 해당할 수 있다. 실제로 성공한 사람 중에는 일정 수준의 위험을 안고 도전한 사례가 많다. 하지만 실패한 사람들 가운데는 그보다 훨씬 큰 불확실성을 무리하게 떠안았다가 좌절한 경우도 더욱 많다.

문제는 우리가 실패 사례보다 성공한 인물의 이야기를

훨씬 자주 접한다는 점이다. 그리고 그 안에서 '위험을 무릅쓰고 창업했다'는 문장을 보면, 자연스럽게 성공하려면 리스크를 받아들일 줄 알아야 한다는 결론으로 이어진다. 하지만 이는 통계학에서 말하는 '생존자 편향(survivorship bias)'의 전형적인 사례다.

현실에서는 오히려 그 반대인 경우가 더 많다. 성공한 사람일수록 위험을 단계적으로 관리하며, 선택지를 열어둔 채 창업했다. 반대로 실패한 사람일수록 모든 것을 걸고 무모하게 뛰어든 경우가 많다.

빌 게이츠야말로 그 대표적인 예다. 그는 하버드대학교 재학 중 마이크로소프트를 창업했고, 이후 세계적인 부를 쌓았다. 언뜻 보면 명문대 학업을 포기하고 가진 것의 전부를 건 것처럼 보이지만, 실제로는 자퇴가 아니라 휴학을 선택해서 만일 사업이 실패하더라도 언제든 학교로 돌아갈 수 있도록 했다. 마치 '산 물건을 같은 금액으로 되팔 수 있는 권리(풋옵션)'를 보유하듯, 복귀할 수 있는 선택권을 확보해 두었던 셈이다.

구글의 공동 창업자 래리 페이지와 세르게이 브린 역시 스탠퍼드대학교 재학 중 회사를 세웠지만, 두 사람 모두 휴학 상태를 유지했다. 애플의 공동 창업자 스티브 워즈니악과 이베이 창업자 피에르 오미다이어(Pierre Omidyar)도 본업을 유지한 채 창업에 나섰다. 워즈니악은 IT 기업 휴렛팩커드, 오미다이어는 초기 휴대용 통신기기를 개발한 제너럴 매직(General Magic)에서 근무하면서 퇴근 후나 주말을 이용해 사업을 구상했고, 일정한 성과가 나온 뒤에야 정식으로 퇴사했다.

영국 록 밴드 롤링 스톤즈의 믹 재거도 비슷하다. 그는 런던정경대 재학 중 밴드를 결성했는데, 그의 아버지는 은행가나 재무 관료로 성장하길 바랐다. 실제로 런던정경대는 버트런드 러셀, 프리드리히 하이에크, 폴 크루그먼 등 수많은 지성을 배출한 명문이었다. 믹 재거는 학업과 밴드 활동 사이에서 고민했지만, 롤링 스톤즈가 첫 앨범 발매 후 성공 가능성이 명확해지자 비로소 학교를 그만두었다.

이렇듯 이들은 모두 본업을 유지하며 불확실성을 통제했고, 창업이나 도전은 부업에 가깝게 시작했다. 그리고 성과가 확실해졌을 때야 본업에서 손을 떼고 새로운 길로 나아갔다.

■ 겁쟁이가 경쟁우위에 서는 시대

흔히 소심함은 단점으로 여겨지지만, 실제로는 중요한 역량이 되기도 한다. 이러한 사실은 대규모 조사 연구에서도 확인된다. 예를 들어 경영학자 조셉 라피(Joseph Raffy)와 지이 펜(Zhi Fen)은 5,000명 이상의 창업자를 대상으로 '본업을 유지하며 창업을 시작했는가, 아니면 본업을 그만두고 전념했는가'를 조사했다. 그 결과, 본업을 유지하며 부업 형태로 창업한 집단이 그렇지 않은 집단보다 성공 확률이 훨씬 높았다.

이제 여러분이 투자자라고 가정해 보자. 두 명의 창업 후보 중 한 명에게만 투자할 수 있다면 누구를 선택하겠는가. 한 사람은 본업을 유지하면서 창업을 병행하고 있고, 다른 한 사람은 직장을 그만두고 모든 시간을 창업에 쏟고 있다. 전자는 다소 주저하거나 우유부단하고 소극적인 인상을 줄 수 있다. 반면 후자는 결단력 있고 자신감 넘치는 사람처럼 보일 것이다. 대부분의 투자자는 후자에게 더 끌릴 가능성이 크다. 그러나 연구 결과는 정반대였다.

이러한 결과는 직관과 어긋나는 것처럼 보이지만, 그 배경에는 충분히 납득할 만한 이유가 있다. 우리는 본업을 포기하고 창업에 전념하는 사람이야말로 리스크를 과감히 감수하는 유형이라고 생각한다. 그러나 라피와 펀의 연구에 따르면, 안정적인 수입이 보장된 본업을 유지한 채 창업에 나선 사람들이 오히려 부업에서 더 큰 리스크를 감수했고, 그 결과 성공 확률이 높았다. 반면 직장을 그만두고 전념한 이들은 겉으로는 대담해 보였지만, 실제로는 실패에 대한 부담이 커서 시도 자체가 조심스러운 편이었고, 그 결과 성과를 내지 못한 경우가 많았다.

■ 인생 경영에도 통하는 옵션 활용법

그렇다면 구체적으로 어떻게 하면 인생의 옵션 밸류를 높게 유지할 수 있을까. 다음과 같은 몇 가지 핵심 포인트가 있다.

• 유연한 커리어 선택

사회생활 초기에는 보편적이고 장기간에 걸쳐 활용할 수 있는 기술을 익힐 수 있는 직장에서 경험을 쌓는 것이 이후 선택지를 넓히는 데 유리하다. 경험의 가치가 빠르게 소모되는 시대일수록 경험의 밀도를 높게 유지해야, 인생에서 맞닥뜨릴 수 있는 다양한 돌발 상황에 대응할 폭넓은 지식과 역량을 확보할 수 있다.

• 교육의 선택지

극도로 한정된 분야에만 특화되기보다는, 오랜 시간 동안 가치를 창출할 수 있는 일반적이고 범용적인 지식을 익히면 어느 분야로 진출하더라도 활용할 수 있다. 특히 어학 능력은 해외에서 일하거나 국내에서 외국인과 함께 일할 기회를 크게 넓혀준다. 또한 단순히 지식을 배우는 것에 그치지 않고, 학습하는 방법 자체를 익히는 일도 장기적으로 옵션 밸류를 높이는 중요한 투자에 해당한다.

- **지리적 유연성**

거주지를 자유롭게 선택할 수 있는 상태를 만들어 두면 더 나은 일자리나 생활환경을 찾기 쉬워진다. 예를 들어 특정 지역에 얽매이지 않는 근무 형태를 선택하면, 원격근무나 해외 취업 기회를 적극적으로 활용할 수 있다.

- **라이프스타일의 유연성**

장기적으로 고정비가 많이 드는 생활 구조를 피하고, 생활 패턴에 유연성을 남겨 두면 예기치 못한 상황이나 새로운 기회에도 빠르게 대응할 수 있다. 이직이나 창업을 고민할 때도 부담 없이 결단을 내릴 수 있다.

- **인간관계 구축**

다양한 배경과 산업에 속한 사람들과 관계를 쌓아두면, 장래에 여러 가지 기회를 얻을 수 있다. 이를 통해 커리어 선택의 폭이 넓어지고, 더 많은 가능성을 탐색할 수 있다.

오늘날처럼 불확실성이 높은 시대에는 이러한 요소들을 종합적으로 고려해, 언제든 수정, 철수, 전환이 가능한 상태를 유지하는 것이 무엇보다 중요하다.

5장

학습과 성장에 대하여

나는 어떤 인생을 살고 싶은가

지금까지 다양한 조직 연구 결과, 인재의 질이 야말로 기업의 장기적인 성과를 예측하는 데 가장 설득력 있는 요소라는 사실이 밝혀졌다. 만약 인재의 질이 프로젝트의 성패를 좌우하는 결정적인 요인이라면, 이 원리는 인생이라는 프로젝트에도 그대로 적용될 수 있다.
이 장에서는 조직과 인사 관리의 핵심 개념을 토대로, 인생이라는 프로젝트의 유일한 리더인 '나 자신'의 학습과 성장에 대해 깊이 있게 살펴보고자 한다.

16 밸런스 스코어 카드

중요한 일을 직접 적고 점수로 매긴다

◆

**덕이란 과도와 부족 사이의
적절한 균형이다.**

_아리스토텔레스, 《니코마코스 윤리학》

밸런스 스코어카드(Balanced Scorecard, 이하 BSC)는 조직의 성과를 효과적으로 관리하기 위해 고안된 프레임워크다. 이 개념은 1992년 하버드 비즈니스 스쿨의 로버트 카플란(Robert S. Kaplan) 교수와 경영 컨설턴트 데이비드 노튼(David P. Norton)이 공동으로 제안했다.

BSC의 목적은 기존의 재무적 성과만을 중심으로 평가하는 방식에서 벗어나, 조직의 전략을 보다 중장기에 걸쳐 다각적인 시각에서 파악하는 데 있다. 이를 위해 다음과 같이 네 가지 관점에서 기업의 성과를 평가한다.

- **재무 관점**

기업이 재무적으로 얼마나 성공하고 있는지를 측정하는 항목이다. 주로 수익 성장, 이익률, 주주 가치 향상 등과 같은 금전적 지표를 사용한다.

- **내부 프로세스 관점**

조직 내부 운영의 효율성을 진단하는 항목이다. 핵심 프로세스의 효율성, 품질, 제공 속도 등의 지표를 활용해 평가한다.

- **고객 관점**

기업이 고객에게 어떤 가치를 제공하고 있는지를 측정한다. 고객 만족도, 시장 점유율, 고객 충성도 등이 주요 평가 지표다.

- **학습 및 성장 관점**

직원의 역량 개발과 조직의 혁신 능력 등 미래에도 성장할 수 있게 하는 요소를 평가한다. 직원 만족도, 교육 투자, 지식 관리 시스템의 효과 등이 포함된다.

■ 평가 기준에는 단기와 장기 모두 포함

카플란과 노턴이 BSC를 제안한 배경에는, 당시에 사용하던 기업 경영 평가는 단기적인 재무제표에 지나치게 치우쳐 있었고, 그 결과 기업 내부의 학습이나 고객의 관점은 무시되

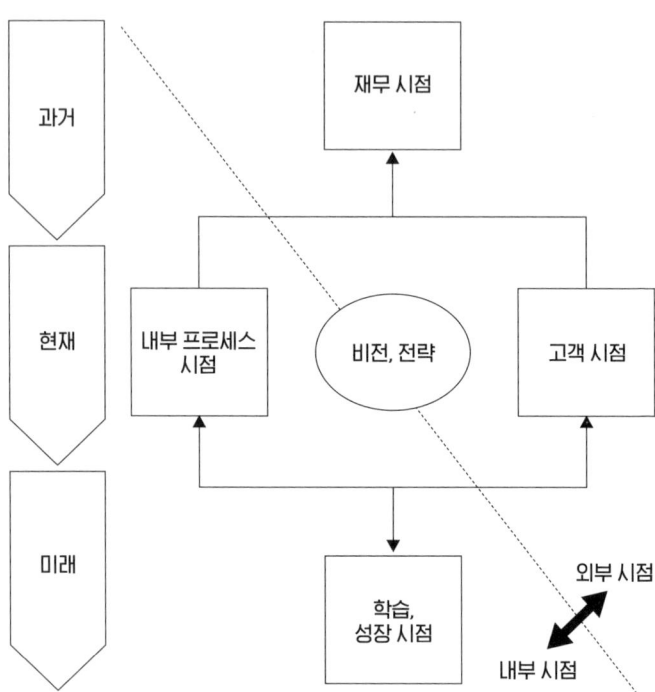

| 그림16-1 | 밸런스 스코어 카드

어 중장기에 걸친 경쟁력이 훼손된다는 문제의식이 있었다.
 오늘날 경영 현장에서 BSC라는 용어를 자주 사용하지 않는 이유는 이 개념이 시대에 뒤처졌기 때문이 아니라, 오히려 경영 관리의 당연한 상식으로 널리 퍼졌기 때문이라고 볼 수 있다.

BSC에서 중요한 점은 네 가지 요소가 서로 독립적으로 존재하는 것이 아니라 긴밀히 연결되어 있다는 사실이다. 매출이나 이익 같은 재무 성과는 고객의 평가에 따라 크게 좌우된다. 예를 들어 단기적으로는 품질을 일부 희생하더라도 비용 절감을 통해 재무 성과를 개선할 수 있다. 그러나 품질의 저하가 이어지면 고객의 평가는 하락하고, 장기적으로는 매출과 이익 모두 감소할 수 있다. 반대로 내부 프로세스의 효율성과 품질을 높이면 고객의 평가가 좋아지고, 이를 통해 다시 재무 성과는 개선된다.

기업이 더 높은 단계로 나아가려면 내부 프로세스의 효율성과 품질을 높이기 위해 조직 구성원의 학습과 성장이 필요하다. 구성원이 오늘보다 내일, 내일보다는 모레 더 성장할 때 비로소 내부 역량은 강화되고, 이는 고객 만족으로 연결된다. 그리고 궁극적으로 기업의 재무 성과를 끌어올린다.

이러한 관계를 시간 축으로 살펴보면 다음과 같다.

미래: 학습 및 성장 관점
현재: 내부 프로세스 관점, 고객 관점
과거: 재무 관점

이를 다시 공간 축으로 보면 다음과 같다.

외부 관점: 재무 관점, 고객 관점
내부 관점: 학습 및 성장 관점, 내부 프로세스 관점

결국 BSC는 경영 퍼포먼스를 평가할 때 아래와 같이 두 가지를 주장한다.

시간 축의 확대=과거뿐만 아니라 미래도 포함
공간 축의 확대=외부뿐만 아니라 내부도 포함

■ BSC를 인생에 적용한다

이러한 사고 방식을 개인의 인생 경영 전략에 적용해 보면 어떤 통찰을 얻을 수 있을까. BSC의 네 가지 관점을 개인의 삶에 대응시켜 보면 다음과 같이 정리할 수 있다.

- **재무 관점**

수입과 저축 수준, 대출 상환을 포함한 수입·지출의 균형 등 개인의 재정 건전성을 나타내는 지표

- **고객 관점**

업무 영역에서는 상사, 직장 동료, 고객 등으로부터 받는 평가와 기대, 그리고 업무와 관련된 인간관계의 질
사적인 영역에서는 가족, 친구와의 관계의 질과 대화 빈

도, 그리고 그 관계를 지탱하는 애정과 신뢰

- **내부 프로세스 관점**

일상 전반에서의 시간 관리 능력과 업무의 생산성 및 효율성

일, 가정, 개인 시간을 얼마나 균형 있게 배분하고 있는가

모든 활동의 기초가 되는 정신적, 신체적 건강 상태

- **학습 및 성장 관점**

업무를 통해 새롭게 얻은 경험

독서, 여행, 대화 등을 통해 쌓은 배움과 통찰의 깊이와 폭

교육기관이나 학교를 통해 취득한 자격증과 학위

■ 나만의 기준을 세운다

BSC 개념을 인생 경영 전략에 도입할 때 가장 중요한 것은 자신만의 기준을 세우는 일이다. BSC는 흔히 PDCA 사이클(계획 Plan - 실행 Do - 점검 Check - 조치 Act의 네 단계를 반복하며 업무나 품질을 개선하는 경영 관리 기법-역주)과 함께 언급되지만, 인생에 적용할 때는 실행 이전 단계인 '지표 설정', 즉 '나에게 성공이란 무엇인가'를 깊이 고민하는 과정이 핵심이다.

이 단계에서 충분한 성찰 없이, 어떤 상태가 좋고 나쁘다고 판단할지 명확하게 해두지 않으면, 겉으로는 BSC에 따라 PDCA를 돌린다 해도 인생 경영의 질은 결코 높아지지 않는다.

그러나 이 작업은 결코 쉽지 않다. 많은 사람들은 그다지 깊게 고민하지 않은 채, 사회가 일반적으로 성공이라고 여기는 기준 또는 다른 이들이 부러워할 만한 목표를 그대로 받아들인다. 그리고 그 기준에 맞춰 시간과 에너지를 배분하며 퍼포먼스 향상에 몰두한다. 그 결과는 종종 참담할 뿐이다. 이미 여러 차례 언급했듯, 목표 설정이 잘못되면 아무리 전략을 정교하게 설계해도 프로젝트는 실패할 수밖에 없다. 인생도 마찬가지다.

■ 목표에서 벗어난 죄

신약성서에는 커리어와 삶의 방향에 통찰을 주는 구절이 여럿 있다. 특히 '지표 설정'이라는 관점에서 시사하는 바가 크다. 신약성서에서는 자주 '죄'라는 표현이 등장하는데 이 단어의 어원은 그리스어 '하마르티아(hamartia)'로, 본래 뜻은 '과녁에서 벗어남'이라고 한다. 즉, 실수나 잘못된 판단을 의미한다.

우리는 흔히 '죄'라고 하면 절도나 폭력처럼 법률에서 금지한 행위를 떠올린다. 그러나 성서에서 말하는 죄는 그런 범죄와는 다르다. 애초에 겨냥할 필요가 없는 것을 목표로 삼는 행위, 다시 말해 조준 자체가 무의미한 대상을 향해 에너지를 쏟는 일을 죄라고 정의한다.

이 관점을 오늘날의 사회에 비춰 보면, '죄'에 해당하는 사례를 어렵지 않게 찾을 수 있다. 사람은 의미 없는 것을 목표로 삼는 한 결코 행복해질 수 없으며, 그런 목표는 추구하면 할수록 오히려 불행해지기 쉽다. 그럼에도 많은 사람들은 충분히 고민하지 않은 채 이러한 목표를 인생의 기준으로 받아들이고, 아무런 비판 없이 목표를 향해 나아간다.

■ 타인의 기준을 그대로 따르는 엘리트

하버드 경영대학원에서 혁신 분야 연구로 두각을 나타낸 경영학자 클레이튼 크리스텐슨(Clayton Christensen)은, 자신과 같은 학교를 졸업한 동문이자 엔론(Enron, 2001년 회계 부정으로 파산한 미국 에너지 기업-역주) 전 CEO 제프 스킬링(Jeff Skilling)의 사례를 통해, 자신만의 성공 기준을 세우는 일이 얼마나 중요한지를 하버드 졸업생들에게 강조한 바 있다.

"내가 알던 하버드 시절의 스킬링은 훌륭한 사람이었다. 매우 똑똑했고, 항상 노력을 아끼지 않았으며, 가족을 사랑하는 사람이기도 했다. 그는 맥킨지 역사상 최연소 파트너로 승진했고, 훗날 엔론의 대표로서 1억 달러가 넘는 연봉을 받았다. 그러나 사생활은 순탄치 않았고, 첫 결혼은 결국 이혼으로 끝났다. (…) 엔론의 회계 부정 사건으로 중범죄 유죄

> 판결을 받으며 그의 커리어 전부가 세상에 드러났을 때, 나는 그가 인생에서 심각하게 길을 잘못 들었다는 사실에 큰 충격을 받았다. 무언가 분명 그를 잘못된 길로 이끌었다. 충족되지 않은 사생활, 무너진 가정, 직업적 갈등, 그리고 범죄 행위."
>
> _클레이튼 크리스텐슨, 《하버드 인생학 특강》

크리스텐슨은 이 책에서 스킬링뿐만 아니라, 장래를 촉망받으며 사회에 진출했던 하버드 동기들 중 상당수가 인생에서 크게 잘못된 선택을 했다고 지적한다. 이런 이야기를 들으면 사람들은 흔히 '엘리트였는데 어떻게 그런 길로?'라고 묻는다. 그러나 실상은 그 반대다. 바로 '엘리트였기 때문에' 그렇게 된 경우가 많다.

엘리트들은 대체로 타인이 정해준 기준을 의심 없이 받아들이는 경향이 강하다. 주어진 시험의 의미나 목적은 묻지 않고, 오직 1등을 목표로 전력을 다하는 태도. 이러한 성향이 그들의 성적을 끌어올리고, 엘리트로 만드는 원동력이기도 했다.

제프 스킬링은 명실상부한 엘리트 중의 엘리트였다. 그는 어느 인터뷰를 통해 살면서 언제나 1등만 했다고 밝힌 바 있다. 그러나 그는 주어진 시험에서 1등을 차지하는 데만 몰두했을 뿐, '내 인생에서 가장 중요한 기준은 무엇인가?', '무엇을 우선순위에 두어야 행복할까?' 같은 본질적인 질문에 대해서는 깊이 생각하지 않았다.

그 결과는 기업 파산, 가정 붕괴 그리고 24년에 이르는 실형이었다. 스킬링을 비롯한 엘리트들의 몰락은, 우리에게 자신만의 성공 기준을 세우는 일이 얼마나 중요한지를 강하게 일깨워 준다.

■ 나만의 답을 바탕으로 기준을 세운다

앞장에서는 기업 경영에 활용되는 BSC 개념을 개인의 인생에 적용하는 방법을 살펴보았다. 이번 장의 마무리로, BSC의 사고 방식을 사회 전반에도 적용할 수 있다는 점을 짚어보고자 한다.

책 앞부분에서 언급했듯, 일본의 경제 성장률은 장기간 하락세를 이어가고 있다. 지난 10여 년간 일본의 경제 성장률은 서구의 선진국과 비교하면 뒤처진 편이고, 그 결과 이제 일본은 끝났다는 식의 비관론도 제기되고 있다. 그러나 사회 전반을 좀 더 깊숙하게 들여다보면, 경제 성장률은 수많은 지표 중 하나에 불과하다는 사실을 알 수 있다.

애초에 국가의 역할이란 무엇일까. 많은 사람들이 안보, 교육, 의료 접근성 확대, 인프라 구축과 유지, 격차 해소, 실업

방지 등 다양한 문제를 떠올릴 것이다. 이러한 항목들을 기준으로 일본과 서구 선진국을 비교해 보면, 오히려 일본이 세계 최고 수준의 성과를 보여주는 영역이 많다. 특히 미국과 비교하면 일본이 뒤처진 항목은 경제 성장률 정도뿐이라고 해도 과언이 아니다.

1958년 미국 경제학자 존 케네스 갤브레이스(John Kenneth Galbraith)는 전 세계적인 베스트셀러 《풍요한 사회(The Affluent Society)》에서 경제 성장률이라는 단일 지표만을 맹목적으로 추구할 때의 위험성을 경고했다. 그는 의료, 교육, 복지 등 다양한 분야에서 균형을 유지할 때 비로소 진정한 성장이 가능하다고 주장했다.

그러나 반세기가 지난 오늘날에도 많은 선진국은 여전히 GDP라는 단일 지표에 집착하고 있다. 앞서 언급한 '이스털린의 역설'을 고려하면, GDP의 의미는 점점 퇴색하고 있다고 볼 수 있다.

이제 우리는 GDP 외에도 사회의 운영 상태를 평가할 수 있는 다양한 지표, 다시 말해 '소셜 밸런스 스코어카드(Social Balanced Scorecard)'를 고민해야 할 시점에 서 있다. 그리고 무엇보다 중요한 것은 이렇게 새로운 지표들을 설정하는 과정은 '좋은 사회란 무엇인가'에 대해 우리 사회의 논의를 바탕으로 이루어져야 한다는 점이다.

타인이 정한 기준을 받아들인다는 것은 곧 타인의 지배를 받아들인다는 뜻이다. 사회 평가의 문제는 국가, 기업, 개인 모두 깊이 연관되어 있지만, 제대로 인식하는 사람은 많지 않다.

일본에는 '중국 황제가 정한 시간을 따른다(正朔を奉ずる)'라는 관용구가 있다. 중국 황제가 만든 달력을 받아들인다는 뜻으로, 곧 중국의 통치를 인정하고 신하가 되었다는 의미다. 과거 로마 제국도 마찬가지로 정복한 지역에 로마의 도량형을 도입하며 지배의 상징으로 삼기도 했다. 로마가 만든 도로와 수도 시스템을 확장하려면 길이와 무게의 단위를 통일해야 했는데, 겉보기에는 기술적 문제처럼 보이지만 실상은 지배 구조를 강화하는 수단이었던 셈이다.

타인이 만든 기준을 받아들이는 순간, 장기적으로는 '기준을 만드는 쪽=지배자'와 '기준을 받아들이는 쪽=피지배자'라는 구조가 무의식중에 형성된다. 인생의 경영 전략 관점에서도, 자기 삶을 평가하는 기준은 결코 다른 사람이 정해서는 안 된다. '내가 생각하는 좋은 삶은 무엇인가?'라는 질문을 스스로에게 던지고, 그 답을 바탕으로 기준을 세워야 한다.

17 벤치마킹

막다른 벽에 부딪혔다면 일단 해본다

◆

평범한 예술가는 모방하고,
위대한 예술가는 자기 것으로 만든다.

_파블로 피카소

벤치마킹이란, 조직이나 개인이 다른 주체의 성공 사례나 성과를 기준으로 참고하며 자사의 프로세스와 결과를 비교 및 평가하고, 이를 토대로 개선책을 도출하는 경영 기법이다.

이 개념은 1980년대 미국 사무기기 제조업체 제록스가 회사의 업무 방식을 개선하기 위해 조직적으로 도입한 것이 시초로 알려져 있다. 당시 제록스는 일본 제조업체, 특히 캐논과 치열하게 경쟁하던 상황이었다.

제록스는 복사기 관련 특허를 다수 보유하고 있었지만, 1970년대 캐논은 제록스의 특허를 피해 일반 용지 복사기 시장에 진입했다. 이어 리코, 미놀타 등 다른 일본 기업들도 가세하면서, 한때 100%에 육박하던 제록스의 시장 점유율은 1982년 13%까지 곤두박질쳤다.

문제는 분명했다. 일본 제품에 비해 제록스의 제품은 품질이 떨어지는데 오히려 가격은 비쌌다. 게다가 제품의 개발 기간도 길었다. 이런 조건으로는 도저히 경쟁에서 이길 수 없었다. 제록스는 일본에 비해 자사의 제품이 밀린다는 사실을 겸허히 인정하고, 일본 기업을 본보기로 삼아 전면적인 개혁에 나서기로 했다.

첫 단계로 시작한 일은 품질이 뛰어나면서도 가격이 저렴한 일본 경쟁사의 제품을 분해해 내부 구조를 분석하는 작업이었다. 이를 '리버스 엔지니어링(역설계)'이라고 한다. 조사 결과, 일본 기업이 낮은 비용으로 어떻게 높은 품질을 구현하는지 파악한 제록스는 커다란 충격을 받았다. 제록스의 경영진은 문제를 회피하는 대신 정면 돌파를 선택했다. 합작사인 후지제록스에 협조를 요청하고, 경쟁사에 조사팀을 파견했다. 그 결과, 제록스는 시장에서 경쟁이 시작되기도 전에 이미 공장 내부에서부터 일본 기업에 패배하고 있었다는 사실을 깨달았다.

이후 제록스의 벤치마킹 사례는 업계를 넘어 널리 알려졌고, 자동차·전자산업 등 다양한 분야에서 일본 기업을 본보기로 삼고자 하는 움직임이 퍼져 나갔다. 이는 변화하는 미국 기업들 사이에서 핵심적인 경영 전략의 하나로 자리 잡았다.

■ 벤치마킹이란 겸허함에서 나온다

돌이켜보면 미국 기업들이 일본 기업을 상대로 활발히 벤치마킹을 전개했던 1980년대는 침체하던 미국 경제가 바닥을 딛고 반격에 나선 전환점(turnaround)이었다고 볼 수 있다.

이 시기 미국 기업들이 대대적으로 벤치마킹에 나섰다는 사실 자체가, 미국 산업계에서 사고방식의 근본적인 변화가 일어났음을 상징적으로 보여준다.

미국은 유럽에서 건너온 이민자들이 세운 나라라는 역사적 배경 덕분에 개인의 개성과 독자성을 중시해 왔다. 특히 비즈니스와 엔터테인먼트 분야에서는 '모방'에 대한 본능적인 거부감이 강했다. 그렇기에 '타인을 모방한다'는 행위는 엄청나게 근본적인 인식 변화 없이는 쉽게 받아들일 수 없는 일이었다. 게다가 벤치마킹의 대상은, 불과 얼마 전까지만 해도 태평양전쟁에서 철저히 짓밟았던 '동양의 가난한 나라' 일본이었다.

기업 경영의 세계에서는 종종 기업이 진정한 변혁을 이루려면 정신을 개조하는 수준으로 변하지 않으면 불가능하다고 말한다. 그런 점에서 1980년대 미국 기업들이 체면을 내려놓고 추진한 벤치마킹은, 그저 표면적인 전략 변화가 아니라 기업 내부의 심각한 위기의식 차원에서 실질적인 전환이 일어났음을 잘 보여주는 사례라 할 수 있다.

■ 분야가 달라도 벤치마킹은 가능하다

앞서 소개한 제록스의 사례는 동일 업계의 경쟁사를 대상으로 한 벤치마킹이었다. 그러나 벤치마킹의 대상이 반드시 같은 업종일 필요는 없다. 오히려 가장 혁신적인 성과를 낳은 벤치마킹 사례들 중 상당수는, 겉보기에는 전혀 관련 없어 보이는 완전히 다른 분야에서 탁월한 아이디어를 찾아낸 경우였다. 다음은 그 대표적인 사례들이다.

- **IBM의 L.L. Bean 벤치마킹**

컴퓨터 제조업체 IBM은 부품 재고 관리의 효율성을 높이기 위해, 아웃도어 용품을 통신판매 방식으로 판매하는 L.L. Bean의 재고 시스템을 참고했다. L.L. Bean이 사용하는 수요 예측과 재고 최적화 방식을 벤치마킹함으로써 과잉 재고를 줄이고, 비용 절감과 운영 효율화를 동시에 달성했다.

- **사우스웨스트 항공의 F1 벤치마킹**

미국의 저가 항공사 사우스웨스트 항공은 항공기의 지상

정비 시간을 단축하기 위해 포뮬러 원(F1) 레이싱의 피트(pit) 팀 운영 방식을 벤치마킹했다. 팀워크의 정교함, 전용 공구 개발 및 활용, 명확한 역할 분담 등 F1에서 쓰이는 고효율 시스템을 지상 정비에 적용한 결과, 항공기의 회전율을 크게 높였고, 이를 기반으로 저가 전략을 지속할 수 있었다.

• 도요타 자동차의 슈퍼마켓 벤치마킹

도요타는 '저스트 인 타임(Just In Time, JIT, 필요한 부품을 필요한 순간에만 공급받는 생산 시스템-역주)' 방식을 확립하는 과정에서 슈퍼마켓의 재고 운영 방식을 모델로 삼았다. 고객의 다양한 수요에 대응하면서도 최소한의 재고만 유지하는 슈퍼마켓의 운영 원리를 생산 현장에 적용해서 낭비를 줄이고 생산 효율을 극대화했다.

• 루브르 박물관의 디즈니랜드 벤치마킹

2000년대 초, 루브르 박물관은 방문객들이 복잡한 동선과 수많은 전시물에 금세 지친다는 문제에 직면했다. 이를 해결하기 위해 미국의 유명 테마파크인 디즈니랜드의 운영 방식을 벤치마킹했다. 그 결과 관람 동선과 안내 시스템이 대폭 개선되었고, 관람객 수는 증가했으며, 박물관에서 머무는 시간도 길어졌다.

이처럼 전혀 다른 분야 간의 벤치마킹도 유의미한 통찰을 얻을 수 있다. 문제 해결과 혁신의 실마리를 찾을 때 벤치마킹은 강력한 도구가 될 수 있다.

■ 배움의 첫걸음은 모방

벤치마킹은 단순한 모방이 아니다. 다른 이들의 뛰어난 사례에서 배우고, 이를 자신의 상황에 맞게 최적화하는 일종의 학습 과정이라 할 수 있다.

미국 비즈니스 문화에서 '배우는 자세'를 중요한 전략 요소로 받아들이기 시작한 것은 크나큰 전환점이었다. 1980년대 미국에서는 '다른 나라나 다른 기업으로부터 배운다'는 행위는 더 이상 열등감의 표현이 아니라, 성장을 위한 필수적인 자세라는 인식이 점차 널리 퍼졌다. 좋은 방법이 있다면 주저하지 말고 받아들여야 한다는 생각이 점차 비즈니스 문화 속에 자리 잡은 것이다.

이러한 태도는 일본어에서 '배우다'를 뜻하는 '마나부(学ぶ)'의 어원과도 통한다. '마나부'는 일본어의 고어 '마나(マナ)'에서 비롯되었는데, 이는 본래 '흉내 내다'를 뜻하는 '마네루(真似る)'에서 유래했다. 다시 말하자면 배움의 기원은 모방에 있다는 의미다.

일본 전통 가면극 '노(能)'의 대가이자 중세 시대 예술로서 노를 완성한 제아미(世阿弥)는 '수파리(守·破·離, 노를 배울 때 스승을 모방하고, 기존 형태를 부수며 새로운 형태를 만드는 과정-역주)'라는 개념으로 학습의 단계를 설명했다. 이 가운데 '수(守)'는 스승과 선인의 가르침을 충실히 따르고, 그 형태와 방식을 그대로 모방하는 과정을 뜻한다.

■ 창의성과 모방은 종이 한 장 차이

창의성은 흔히 독창성, 즉 어디에서도 찾아볼 수 없는 완전히 새로운 아이디어나 작품을 만들어 내는 능력으로 알려져 있다. 그러나 실제로는 과학과 예술을 비롯한 다양한 분야에서 모방이 창의성을 발휘하는 데 중요한 역할을 한다는 사실이 알려져 있다. 모방은 학습과 발전의 출발점이자, 새로운 아이디어와 표현을 탄생시키는 토대가 되는 과정이다.

천재 예술가의 대명사로 자주 거론되는 피카소에 관해서는 미술사를 전공한 이들이라면 잘 알려진 일화가 있다. 그의 많은 작품은 아이디어의 출처가 비교적 명확히 밝혀지며, 흥미롭게도 원작보다 피카소가 재해석한 작품이 훨씬 더 널리 알려진 경우가 많다. 세상이란 어쩌면 본질적으로 불합리한지도 모른다.

이번 장 앞부분에서 언급한 피카소의 말을 다시 떠올려 보자. "평범한 예술가는 모방하고, 위대한 예술가는 자기 것으로 만든다." 이는 모방 의혹을 제기한 인터뷰어에게 피카소가 던진 대답으로, 창조라는 행위 속에서 벤치마킹이 어떻게 작동하는지를 단적으로 보여준다. 중요한 것은 단순히 베끼는 데 그치지 않고, 모방해서 자기 것으로 흡수하고 변형하는 과정이다.

잘 알려진 사례를 소개하자면, 애플의 초대 매킨토시에 탑재된 마우스, 그래픽 사용자 인터페이스(GUI), 비트맵 디스플레이 등의 기술은 모두 제록스의 팔로알토 연구소에서 먼저 개발되었다. 당시 스티브 잡스와 동료들은 제록스에서 획기적인 기술을 개발하고 있다는 소문을 듣고, 온갖 방법을 동원해 연구소를 견학할 기회를 얻는다. 잡스는 그곳에서 본 기술들에 깊은 인상을 받고 이를 매킨토시에 도입했다.

이 사실을 잘 알고 있던 마이크로소프트의 빌 게이츠는, 자사의 윈도우 운영체제가 매킨토시의 인터페이스를 모방했다고 항의하는 스티브 잡스에게 이렇게 맞받아쳤다. "스티브, 우리 동네에 제록스라는 부자가 있었어. 내가 그 집에 TV를 훔치러 갔더니, 이미 네가 먼저 훔쳐 갔더라고." 얼핏 들으면 일리가 있는 말 같지만, 아마 실제 상황이라면 받아들이기 쉽지 않을지도 모른다.

실제로 모방은 매우 효과적인 학습 방식이며 새로운 기술과 지식을 익히는 데 유용한 도구다. 창의성과 모방은 결코 반대되는 개념이 아니다. 오히려 모방은 창조로 향하는 중요한 관문이 될 수 있다.

■ 인생에서 벤치마킹을 실천하는 세 가지 방법

그렇다면 인생의 경영 전략에서 벤치마킹을 실천하려면 어떤 점에 유의해야 할까. 다음 세 가지 단계를 기준으로 접근할 수 있다.

① 과제를 인식하기

벤치마킹의 출발점은 자신의 과제를 명확히 파악하는 일이다. 과제가 구체적으로 드러날수록 벤치마킹의 대상을 더욱 정밀하게 설정할 수 있다. 반대로 문제의식이 모호한 채 막연히 '뭔가 잘 안 되는 것 같다'는 수준에 머문다면, 참고할 대상을 좁히기도 어렵다. '깨닫는 힘'은 곧 '과제를 인식하는 힘'이다. 자신의 문제를 스스로 인식하는 것이야말로 벤치마킹의 첫걸음이다.

② 벤치마킹 대상 선택하기

과제를 분명히 한 다음에는 이를 해결하기 위한 벤치마킹 대상을 선택해야 한다. 이때 대상의 '능력'이 아니라 '행동'과 '시간 배분'에 주목해야 한다. 능력은 단기간에 모방하기 어렵지만, 행동 방식이나 시간을 쓰는 방법은 비교적 쉽게 따라 할 수 있기 때문이다. 실제로 상당수의 경우 문제 해결의 열쇠는 시간 배분에 숨어 있다.

나 역시 컨설팅 업무를 하면서 여러 차례 벤치마킹 프로젝트를 진행했는데, 언제나 성과를 좌우하는 핵심은 시간 배분이었다. 그림 17-1은 한 프로젝트에서 실적을 기준으로 분석한 점장별 시간 사용 방식의 비교 자료다. 비밀유지의무로 인해 일부 항목과 시간 수치는 조정했지만, 전체적인 내용 전달에는 무리가 없는 수준이다.

분석 결과, 성과가 낮은 매장의 점장은 전반적으로 직원과의 커뮤니케이션 시간이 짧은 대신, 데이터 분석이나 문서 작성에 더 많은 시간을 쏟고 있었다. 반면 성과가 높은 매장의 점장은 회의, 고객 응대는 물론, 타 매장 및 본부와의 소통을 포함해서 업무 시간의 절반 가까이 커뮤니케이션에 할애하고 있었다. 성과가 낮은 매장의 점장은 그 비중이 약 30%에 그쳤다.

③ 일단 따라 해보기

벤치마킹을 통해 얻은 구체적인 시사점이나 배운 점은 먼저 그대로 실천해 보는 것이 중요하다. '솔직함'은 때로 간과되기 쉽지만, 벤치마킹을 실천하는 데는 핵심적인 요소다.

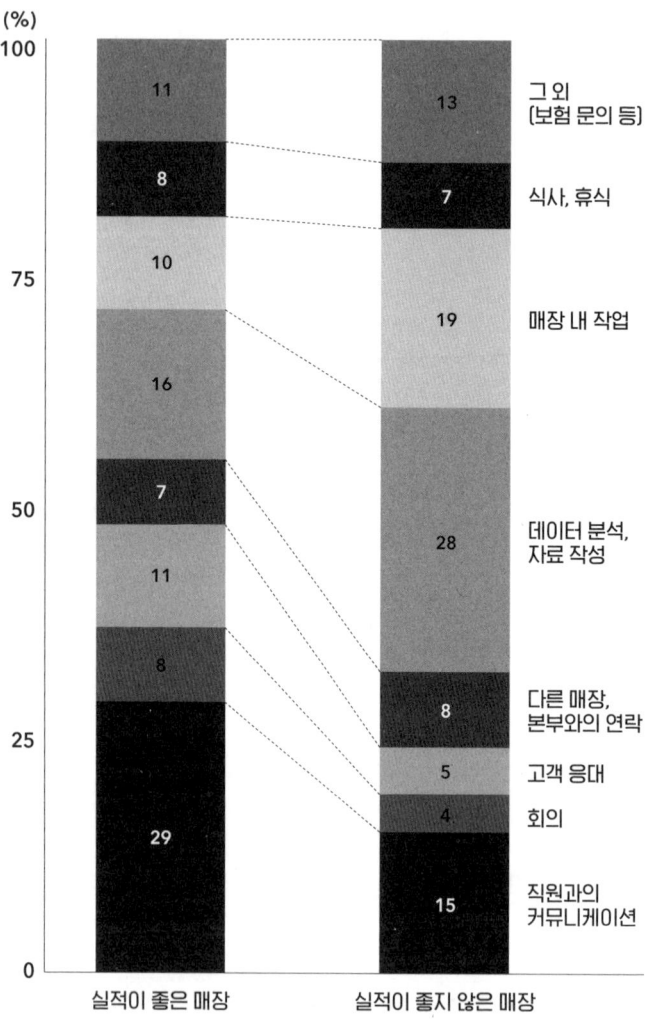

나는 오랫동안 인재 및 경영자 육성 업무에 관여했고, 그 경험을 통해 한 가지를 확신하게 되었다. 꾸준히 성장하는 사람들에게는 공통으로 '열린 자세'가 있다는 점이다. 반대로 성장이 멈춘 사람은 대체로 완고하며, 자기 방식에만 집착하고 새로운 접근이나 생각을 좀처럼 받아들이지 못한다. 이러한 태도를 지닌 이들은 성장이 멈춘다.

일본 프로야구의 전설적인 홈런왕 왕정치(王貞治)를 중학생 시절 발굴해서 요미우리 자이언츠 입단까지 이끈 코치 아라카와 히로시(荒川博)에게는 유명한 일화가 있다. 도쿄 스미다강 근처에서 열린 경기에서, 형을 따라 오른손 타격을 하던 어린 왕정치를 보고 아라카와는 왼손으로 쳐보라고 조언했다. 왕정치는 곧바로 "네!"라고 대답한 뒤 힘차게 2루타를 쳐냈다. 이 모습을 본 아라카와는 그가 분명 위대한 선수로 성장하리라고 직감했다고 한다.

이처럼 곧이곧대로 받아들이는 자세는 매우 중요하다. 코칭 현장에서는 이러한 자세를 '코칭 수용성'이라고 부르는데, 특히 학습과 성장의 핵심 요인으로 손꼽힌다. 왜냐하면 진정한 학습은 의식의 변화가 아니라 행동 변화에서 시작되기 때문이다.

우리는 흔히 의식이 바뀌면 행동이 바뀐다고 생각하지만, 실제로 인간의 뇌는 보수적으로 작동하기에 의식을 바꾸기란 의외로 쉽지 않다. 의식이 변하지 않으면 행동도, 결과도 바뀌지 않으며, 결국 인생도 달라지지 않는다.

이렇게 보수적인 의식을 넘어서기 위해서는, 먼저 의식을 바꾸기보다는 행동부터 바꾸는 것이 훨씬 효과적이다. 행동이 바뀌면 결과가 달라지고, 그 결과는 다시 의식에 영향을 준다. 이것이야말로 벤치마킹의 핵심이며, 변화로 가는 현실적인 경로다.

18 경험학습 이론

실패를
자산으로 만드는 법

◆

**궁하면 변하고,
변하면 통한다.**

_《역경》

'학습'이라고 하면 대부분의 사람들은 어떤 기술이나 지식을 새로 익히는 과정을 먼저 떠올린다. 그러나 경영학의 조직행동론에서는 학습을 조금 다른 관점에서 정의한다. 여기서 학습이란, 경험을 통해 자신의 신념, 습관, 사고방식을 변화시켜, 동일한 인풋에 대해 더 나은 아웃풋을 만들어 내는 과정을 뜻한다.

우리는 흔히 학습을 공부나 연습처럼 '무언가를 더하는 과정'으로 생각하지만, 이 정의에 그런 뉘앙스는 없다. 본질적으로 학습은 인지 체계가 변화하는 과정이며, 한발 더 나아가 변화를 통해 세상을 이전과는 다른 방식으로 바라보게 되는 경험을 포함한다.

미국의 교육심리학자 데이비드 콜브(David Kolb)는 이러한 관점을 토대로 오늘날 인사 관리 분야에서 사실상 표준 이론이 된 '경험학습이론(Experiential Learning Theory, ELT)'을 제시했다.

그는 교육심리학 연구 과정에서 존 듀이(John Dewey), 쿠르트 레윈(Kurt Lewin), 장 피아제(Jean Piaget) 등 선행 학자들의 영향을 받았으며, 1970년대부터 1980년대에 걸쳐 이 이론을 발전시켰다. 그리고 1983년, 저서 《경험학습: 학습과 성장의 원천인 경험(Experiential Learning: Experience as the Source of Learning and Development)》에서 이 이론을 체계적으로 정리해 소개했다.

이 책에서 오늘날 전 세계적으로 널리 알려진 '경험학습 사이클 4단계 모델'이 처음 제시되었으며, 콜브는 인간의 학습을 단순한 지식 축적이 아니라, 구체적 경험에서 출발해 성찰과 추상화를 거치며 순환하는 하나의 사이클로 설명했다.

■ **경험이란 좋은 실패**

그림에 제시된 각 단계의 정의는 그대로지만, 시작점에 있는 '구체적 경험'이라는 개념은 우리가 일상적으로 쓰는 '경험'과는 상당히 다른 뉘앙스를 지닌다. 그렇다면 '경험'이란 무엇일까. 미국의 조직이론가이자 교육학자인 D.A. 쇤

| 그림18-1 | **경험학습의 개념**

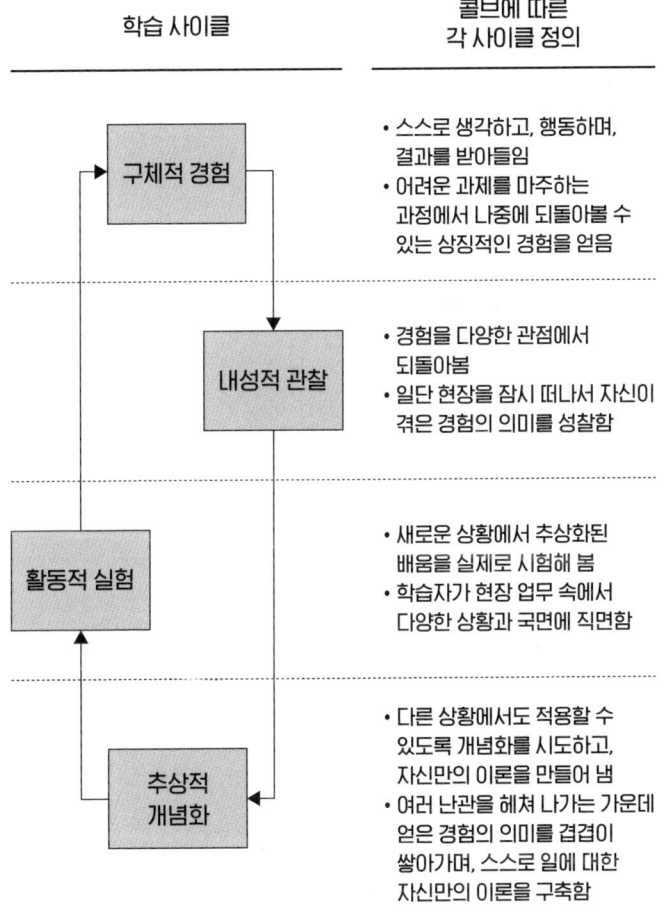

(Donald A. Schön)은 경험이란 '예상치 못한 결과를 마주할 기회'라고 설명한다.

사람은 예기치 않은 결과에 부딪힐 때, 그동안 무심코 반복한 행동을 의식의 표면으로 끌어올려 비판적으로 되돌아본다. '당연히 이렇게 될 것'이라고 믿고 취한 행동이 뜻밖의 결과를 낳았을 때, 우리는 비로소 자기 내부의 시스템을 점검하고 변화시킬 계기를 얻는다.

■ 모든 일이 순조롭다면 오히려 위험하다는 신호

쇤이 정의한 '경험' 개념은 인생의 경영 전략에 중요한 교훈을 준다. 만일 학습이 경험에서 출발하고, 그 경험이 예상치 못한 결과와 마주해 당혹감을 느끼는 일이라면, 우리가 흔히 바람직하다고 여기는 '모든 일이 계획대로 잘 풀리는 상태'란 오히려 학습이 멈춘 상태라고 할 수 있다.

가끔 기업 강의를 나가면 지금껏 단 한 번도 프로젝트에서 실패한 적이 없다고 자랑하는 사람을 만난다. 그러나 쇤의 관점에서 보면, 젊은 시절에 실패 경험이 없는 커리어는 오히려 그 자체로 실패에 가깝다. 젊을 때의 실패는 이후 되돌릴 기회가 많아 순현재가치(NPV)가 크기 때문이다.

이런 관점에서 볼 때, 젊을수록 '좋은' 실패를 충분히 겪는 경험은 중요하다. 하지만 이는 말처럼 쉽지 않다. 오늘날에는 과잉보호에 가까운 문화가 형성된 탓에, 젊은 세대가 자유롭게 일하고 실수나 실패를 통해 성장할 수 있는 환경이 제대로 마련되어 있지 않다.

게다가 사회와 조직의 피라미드 구조는 이러한 문제를 더욱 복잡하게 만든다. 일본 기업들은 1990년 전후 거품경제 시기에 대규모로 인력을 채용했고, 그 결과 많은 조직에서 이 시기에 입사한 50대 직원 비중이 유난히 높아졌다.

이러한 구조에서는 젊은 세대가 경험할 만한 업무를 의도적으로 배분하지 않는 한, 결국 '경험의 디플레이션' 현상이 발생한다.

■ 조직의 경험은 경영 자원

조직에서 경험이란 하나의 자원이다. 경험을 제공하면 인적 자본이 증가하기 때문이다. 따라서 기업은 사람, 물자, 자금과 마찬가지로 경험 역시 가장 높은 수익률을 기대할 수 있는 대상에게 투자해야 한다.

그렇다면 누구에게 경험을 투자해야 할까. 앞에서 설명했듯 리턴의 기댓값, 즉 순현재가치(NPV)를 크게 좌우하는 요소는 '시간'이다. 리턴을 회수할 수 있는 기간이 길수록 투자 가치는 커지므로, 가능한 한 젊은 인재에게 투자하는 것이 정답이다. 그러나 현실에서는 이러한 원칙이 잘 지켜지지 않는다.

조직 내에서 경험의 총량은 일종의 제로섬 구조를 띤다. 즉 누군가 경험을 얻으면 다른 누군가는 그만큼 기회를 잃는다. 그렇기 때문에 경험을 어떻게 배분할 것인가는 밸런스 스코어카드(BSC)의 '학습과 성장' 관점에서 매우 중요한 과제다.

그러나 일본 기업들은 이에 대한 문제의식이 희박한 경우가 많다. 실제로는 커리어가 얼마 남지 않은 연차 높은 직원에게 중요한 경험을 맡기는 경우가 적지 않다. 예를 들어 그룹 계열사의 경영 재건과 같은 업무는 실무 능력, 판단력, 책임감이 모두 요구되는 만큼 조직에서 가장 가치 있는 경험 중 하나다. 그러나 일본 기업에서는 이런 기회를 정년이 얼마 남지 않은 직원에게 맡기는 사례가 흔하다. 실질적으로는 중요한 업무야말로 남은 커리어가 길고 성장 잠재력이 큰 30대 초반 인재에게 맡기는 편이 훨씬 더 효과적인 투자다.

■ 스스로 기회를 만들고, 기회에 맞춰 자신을 바꾼다

앞서 논의한 내용을 인생의 경영 전략에서 얻을 교훈으로 표현하면, 일본 인재 및 정보 서비스 대기업인 리크루트의 창업자 에조에 히로마사(江副浩正)의 말로 요약할 수 있다.

"스스로 기회를 만들고, 그 기회에 맞춰 자신을 변화시켜라."

일본 사회와 조직은 상층부가 경직된 상태에서 경험의 디플레이션이 진행되고 있다. 이런 환경에서 소중한 기회가 오기만을 기다린다면 시간이라는 자원을 아무런 리턴 없이 소비하게 된다. 이를 극복하려면 좋은 경험이 주어지기를 바라기보다는, 직접 기회를 창출하려는 태도가 필요하다. 예를 들면 새로운 프로젝트를 제안하거나, 다른 부서와의 협업을 자청하거나, 때에 따라 다양한 외부 활동에 참여하는 등 기존 업무의 경계를 넘어서는 도전이 이에 해당한다.

이런 조언을 들으면 '아직 권한이 없어서 새로운 일을 할 수 없다'고 말하는 사람들이 있다. 그러나 이는 사실과 다르다. 권한이 없어서 움직이지 못하는 것이 아니라, 움직이지 않기 때문에 권한이 생기지 않는 것이다. 힘은 상부에서 부여하는 허가증이 아니라, 스스로 움직이는 사람 주변에서 자연스럽게 형성되는 현상에 가깝다.

성장 기회를 스스로 만드는 과정은 단순히 기술이나 실적을 쌓는 데 그치지 않는다. 이는 리더십과 창의력 같은 본질적 역량을 기르는 길이기도 하다. 제한된 여건 속에서도 스스로 의미 있는 경험을 만들어 낼 수 있는 사람은 어떤 환경에서도 경쟁력을 유지하며, 결국 조직에서 가장 가치 있는 인재로 자리매김한다.

19 발달 지향적 조직

약점을 드러낼수록 강해진다

◆

약한 모습을 드러낼 수 있는 사람만이
진정한 관계를 맺을 수 있다.

_브레네 브라운

'발달 지향형 조직'은 하버드대학교 교육대학원의 로버트 케건(Robert Kegan) 교수와 연구 파트너 리사 라헤이(Lisa Lahey)가 제안한 조직 운영 개념이다. 두 사람은 높은 수익을 내면서 동시에 인재 육성에도 성공한 기업들을 연구했고, 이들 조직이 성인 발달 이론의 원칙에 맞춰 운영되고 있다는 사실에 주목하여 그 특징을 학문적으로 체계화했다.

발달 지향형 조직은 일반적인 조직과 비교할 때 몇 가지 뚜렷한 차이가 있다. 그중 가장 두드러진 점은, 일반 조직에서는 특정 업무를 가장 잘할 수 있는 사람에게 일을 맡기지만, 발달 지향형 조직은 의도적으로 그런 방식을 피한다는 점이다. 어떤 사람이 이미 특정 업무를 훌륭히 수행하고 있다면, 그 일을 통해 얻을 수 있는 성장 여지는 크지 않기 때문이다.

따라서 발달 지향형 조직은 '이 일을 누가 가장 잘할 수 있는가'보다 '이 일을 맡으면 누가 가장 크게 성장할 수 있는가'를 기준으로 업무를 배정한다. 물론 이러한 방식은 가장 숙련된 사람에게 맡길 때보다 단기 성과가 낮을 수 있다. 그러나 이렇게 해야만 인재 성장을 촉진하고, 조직 전체의 인적 자본을 중장기적으로 끌어올리는 발판이 된다. 궁극적으로는 조직 성과 자체도 기존보다 더 높아진다.

이것이 발달 지향형 조직이 높은 수익성과 인재 성장을 동시에 실현할 수 있는 이유다.

■ 진짜 적재적소의 의미

조직 운영에서 자주 쓰이는 '적재적소'라는 표현은 생각보다 훨씬 복합적인 의미가 있다. 앞서 언급했듯, 안정적인 운영을 중시하는 일반 조직에서의 적재적소란 각 업무를 가장 잘 수행할 수 있는 사람을 그 자리에 배치하는 것을 뜻한다.

하지만 이렇게 인재를 배치하는 방식은 구성원의 성장 가능성을 충분히 이끌어내지 못한다. 결과적으로 시간이 지

| 그림19-1 | 발달 지향적 조직에서 볼 수 있는 특징

	발달 지향적 조직	안정 지향적 조직
중시하는 점	• 성과와 학습 모두 중시한다	• 성과를 중시한다
배치 로직	• 경험이 성장에 이어질 수 있는 일에 뛰어든다 • 이미 안정적인 사람을 제외한다	• 가장 잘하는 사람에게 맡긴다
목적	• 학습의 촉진 • 건설적인 혼란	• 안정적인 업무 진행
동료의 역할	• 동료 전원이 성장을 지원하는 코치 • 부하도 상사에게 코칭을 진행한다	• 업무 진행상 동료
약점을 수용하는 방식	• 능력을 개발하며 깨달음을 얻는다 • 모두 공유하면서 지원할 계기로 삼는다	• 타인에게 알려져서는 안 됨

출처: 로버트 케건, 리사 라헤이, 《에브리원 컬처》를 바탕으로 작성

나면 조직 전체의 역량이 정체되고, 장기적으로는 활력마저 잃게 된다.

실제로 오늘날 일본 사회에서는 직원들의 낮은 업무 몰입도가 중요한 과제로 지적되고 있다. 다양한 조사에 따르면 몰입도를 높이는 핵심 요인 중 하나는 '성장하고 있다는 실감'이다. 일상적인 업무 속에서 스스로 발전하고 있다고 느낄 때, 비로소 사람들은 그만큼 일에 몰입한다. 많은 직장인들이 몸소 체감하는 부분이기도 하다. 이런 점에서 보면 단순히 해당 업무를 가장 잘하는 사람에게 맡기는 기존 방식은 표면적으로는 효율적일지 몰라도, 실제로는 문제를 키울 수도 있다.

반면 발달 지향형 조직이 말하는 적재적소는 시각이 다르다. 이들은 해당 업무를 통해 가장 크게 성장할 수 있는 사람을 그 자리에 배치한다. 이러한 방식은 앞서 살펴본 경험학습 이론과도 연결되며, 조직의 지속적 성장을 위한 전략적 접근이기도 하다.

■ 약점을 자원으로 생각하기

하버드대학교의 로버트 케건과 그의 동료들에 따르면, 발달 지향형 조직은 약점에 대한 관점부터 일반적인 조직과 뚜렷하게 다르다.

일반적인 조직에서는 약점을 드러내지 말아야 할 결점으

로 여기고 가능하면 숨기려 한다. 반면 발달 지향형 조직에서는 약점을 하나의 성장 자원, 곧 기회로 본다. 약점을 드러내고 그를 보완하는 과정에서 개인도, 조직도 함께 성장할 수 있다고 여기기 때문이다.

사람들은 흔히 약점을 부정적으로 받아들이고 이를 감추는 데 집중한다. 그리고 자신의 강점이 잘 드러날 수 있는 환경을 선호하며, 낯설거나 도전적인 과제는 회피하려는 경향이 있다. 물론 단기적으로는 이런 전략이 주변에 자신의 유능한 면을 인식시키는 데 도움이 될 수 있다. 하지만 중장기적으로는 오히려 성장의 기회를 잃고, 역량이 정체될 가능성이 크다. 왜냐하면 반복적인 회피는 결국 학습의 기회를 스스로 차단하게 되고, 이는 개인의 발전뿐 아니라 조직 전체의 역량에도 영향을 미치기 때문이다.

■ 매일의 업무를 교육으로

발달 지향형 조직의 특징 중 하나는 교육과 업무를 명확히 구분하지 않는다는 점이다. 일반적인 조직에서는 일상적인 업무를 학습의 기회로 여기지 않고, 실수 없이 무난하게 처리하는 것을 목표로 삼는다.

반면 교육은 일반적으로 실수가 허용되는 공간이며, 정확한 수행보다는 새로운 것을 배우는 데 초점을 둔다. 이러한 교육도 분명 의미 있는 활동이지만, 다음과 같은 몇 가지 한계를 지닌다.

1. 지속성이 부족하다

교육은 대체로 일정 기간에 한정해서 진행된다. 학습이 교육 프로그램에서만 이뤄지는 조직과, 일상 업무 속에서 끊임없이 일어나는 조직을 비교하면, 후자가 훨씬 빠르게 성장한다.

2. 실무 맥락과 분리되어 있다

교육은 보통 실제 업무와 분리된 환경에서 진행된다. 그 결과 교육에서 배운 내용을 곧바로 실무에 적용하기는 어렵다. 경험학습이론의 관점에서 보면 교육은 주로 '성찰'과 '추상화' 단계에 해당하며, 이를 '실험' 단계로 연결하려면 별도의 장치나 노력이 필요하다.

3. 참여 인원이 제한적이다

교육 프로그램에는 언제나 인원 제한이 따른다. 조직 전체의 성장을 목표로 할 경우, 교육만으로는 속도나 확장성 면에서 한계가 뚜렷하다.

4. 개인 중심으로 이루어진다

교육은 일반적으로 개인의 역량 개발에 초점을 맞춘다. 그러나 조직 성과의 향상은 개인의 능력만이 아니라, 주변과의 관계나 협업 방식까지 함께 변화할 때 가능하다. 실무 속에서 학습하는 과정은 개인의 성장뿐 아니라 조직의 작동 방식에도 변화를 일으킬 수 있다는 점에서 훨씬 더 큰 효과를 발휘한다.

오해가 없기를 바란다. 내가 여기서 말하고자 하는 바는 교육이 불필요하다는 뜻이 아니다. 오히려 유럽이나 미국 기업과 비교하면, 일본 기업은 인재 육성에 대한 투자가 현저히 부족하며 그런 만큼 더욱 적극적인 노력이 필요하다.

내 주장의 핵심은 교육만으로는 충분하지 않다는 점이다. 일상적인 업무 속에서도 발달과 성장이 함께 이뤄져야 한다. 이를 위해서는 매출, 이익, 품질과 같은 전통적인 비즈니스 목표 못지않게, 아니 그보다 우선해서 사람의 성장을 중요한 가치로 삼는 조직 문화로 전환해야 한다.

■ 익숙한 틀에서 벗어나기

지금까지 얻은 통찰을 인생의 경영 전략에 적용해 보면, 먼저 '자신의 강점을 발휘할 수 있는 장소'에만 머무르려는 태도를 경계해야 한다. 개인의 학습은 약점이 드러나는 순간부터 시작되며, 이는 실패할지도 모른다는 불안감을 감수하지 않고서는 성장할 수 없다는 의미다.

이때 바로 익숙한 틀에서 벗어나는 과정이 필요하다. 그림 19-2를 보면, 새로운 일을 시작할 때 우리는 그 일이 어렵지 않더라도 막연한 불안을 느낀다. 그러나 일을 이어가면서 점차 익숙해지고, S자 곡선을 그리며 학습과 성장을 지속하다 보면 어느 순간 능숙하게 일할 수 있는 단계에 이른다.

여기서 말하는 '익숙한 틀'이란 더 이상 큰 부담이나 긴장 없이 여유롭게 업무를 수행하는 상태를 뜻한다. 상사나 동료 입장에서는 안심하고 일을 맡길 수 있는 사람이 되고, 당사자 역시 자신감을 느끼며 무리 없이 일을 처리한다. 하지만 이 상태에 오래 머물면 학습과 성장은 멈춘다.

그래서 우리는 다시 한번 더욱 어려운 일에 도전하고, 그 과정에서 처음과 같은 불안과 스트레스를 또다시 경험한다. 그러나 마찬가지로 S자 곡선을 따라 학습과 성장을 반복하다 보면, 결국 그 일도 익숙해지고 능숙하게 해낼 수 있다. 이 사이클은 인생에서 학습과 성장을 이어가는 한 계속된다. 결국 학습과 성장은 익숙한 틀을 벗어날 때 비로소 시작된다.

■ 별 볼 일 없는 일도 의외로 가치가 있다

지난 1년의 세월을 돌아볼 때, 큰 불안이나 스트레스 없이 주변의 기대에 맞춰 매끄럽게 성과를 냈다면 분명 반가운 일이다. 그러나 학습과 성장의 관점에서 보면 이미 일정한 한

| 그림19-2 | 학습은 익숙한 틀에서 빠져나올 때 비로소 가능하다

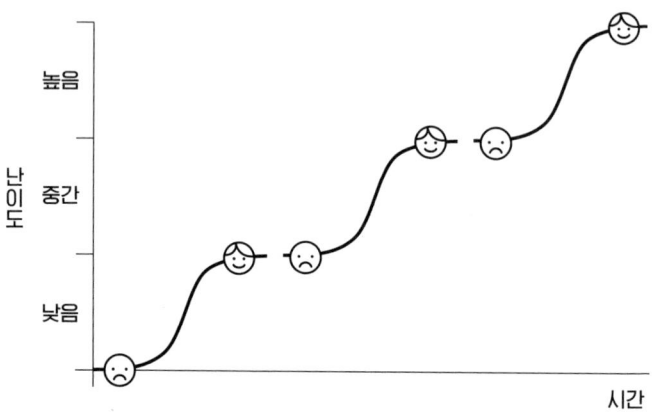

계에 도달했을 가능성이 있다. 이러한 정체 상태가 오래 이어지면, 앞서 언급한 이부세 마스지의 소설 《산도롱뇽》(병 속에 갇힌 도롱뇽이 시간이 지나 점점 커져 외부와 단절되는 내용)처럼 자신도 모르게 안락한 틀 안에 머물게 된다.

특히 40대, 즉 인생의 여름이 저물기 시작하는 시기에는 이러한 정체가 자주 나타난다. 어느 정도 실적을 쌓고 좋은 평가를 받고 있다 보니, 이제 와서 남들에게 서툰 모습을 보이고 싶지 않다는 생각이 강해진다. 그 결과 자신이 잘할 수 있는 일만 반복하고 낯설고 어려운 도전은 피하게 된다.

이 문제는 결국 '나는 어떤 인생을 살고 싶은가'라는 근본적인 질문과 맞닿아 있다. 그렇기에 단순히 현재를 조용히 받아들이고 싶은 사람에게까지 무리하게 도전을 권하고 싶지는 않다. 그러나 수명이 길어지고 일하는 기간도 길어진 오늘날, 남들에게 '별 볼 일 없는' 모습을 보이지 않겠다는 태도는 오히려 더 큰 도약을 가로막는 걸림돌이 될 수 있다.

로버트 케건 등의 연구는 우리가 숨기고 싶어 하는 약점과 서투름 속에야말로 진정한 성숙의 기회가 숨어 있음을 보여준다.

20 서번트 리더십

나누고 돕는 기쁨을
삶의 에너지로 삼는다

―◆―

**타인의 행복을 추구하는 것은 자신의 행복을
추구하는 가장 확실한 방법이다.**

_애덤 스미스

앞서 이 책 전반부에서는 생애 주기 곡선 개념을 통해, 30~40대의 인생의 여름과 달리 50~60대 이후 인생의 가을에 접어들면 사회나 조직과 맺는 관계의 방식이 크게 달라진다는 점을 살펴보았다. 이번 장에서는 서번트 리더십을 바탕으로, 인생의 여름에서 가을로 넘어가는 과도기를 어떻게 슬기롭게 극복할지, 그리고 인생 후반기를 어떻게 하면 더욱 풍요롭게 살아갈 수 있을지 함께 탐구한다.

■ 지배 대신 지원

서번트 리더십은 미국의 연구자 로버트 그린리프(Robert Greenleaf)가 제안한 개념이다. 그는 미국 대형 통신사 AT&T에서 대부분의 경력을 보냈는데, 회사에 다니면서도 독립적인 연구자로서 경영과 리더십에 관한 깊이 있는 탐구를 이어갔다.

당시에는 그동안 미국 사회에서 주류를 이루던 '지배형 리더십'이 점점 효과를 잃어가는 상황이었다. 그린리프는 권력에 의존하지 않는 새로운 리더십 모델로서 서번트 리더십을 제시했다.

이 개념은 오늘날에도 여전히 높은 평가를 받고 있다. 예를 들어 학습하는 조직(Learning Organization) 이론의 선구자인 피터 센게(Peter Senge)는 그린리프의 저서 《서번트 리더십 원전》을 가리켜 '리더십을 진지하게 배우고자 하는 이가 반드시 읽어야 할 단 한 권의 책'이라고 극찬했다.

그럼 구체적으로 '지배형 리더십'과 '서번트 리더십'이 서로 어떻게 다른지 살펴보자. 그림 20-1은 두 스타일을 비교한 표이다. 겉으로만 보면 지배형 리더십은 나쁘고 서번트 리더십은 좋다는 식으로 읽기 쉽지만, 그린리프는 지배형 리더십을 완전히 부정하지는 않았다. 오히려 특정한 상황이나 맥락에서는 지배형 리더십이 효과적일 수 있다는 점을 인정했다. 대표적인 예로는, 실무자로서 탁월한 기술과 지식을 갖춘 리더가 팀원과 함께 긴급하고 복잡한 과제를 수행하는 경우다.

그러나 이런 상황이 일상적으로 반복되지 않는 직업이라면 지배형 리더십은 현장의 최전선에서 예외적으로 필요한 방식에 그칠 가능성이 크다.

| 그림20-1 | 지원형 리더와 서번트 리더의 차이

	지배형 리더십	서번트 리더십
동기	• 명성을 얻는다 • 권력을 얻는다	• 타인에게 봉사한다 • 타인의 성장을 지원한다
매니지먼트 스타일	• 권력을 이용해 부하를 움직인다	• 대화를 통해 행동을 유도한다
중시하는 점	• 자신이 칭찬받는다	• 상대편이 칭찬받는다
성장의 의미	• 사내에서 승진한다 • 연봉을 높인다 • 사회적으로 명성을 얻는다	• 인격적으로 더욱 높은 경지에 오른다 • 타인의 가능성을 끌어낸다

출처: 'The Essentials of Servant-Leadership: Principles in Practice'
Ann McGee-Cooper & Gary Looper, 2001, Pegasus Communications

■ 지배형 리더십의 한계

지배형 리더십의 가장 큰 한계는 이 방식을 장기적으로 유지하기 어렵다는 점이다. 특히 30~40대의 인생의 여름에서 50~60대의 인생의 가을로 접어드는 과도기에는, 신체적 변화뿐만 아니라 조직 내에서의 역할 변화가 맞물리며 지배형 리더십은 점차 힘을 잃는다.

오늘날처럼 변화의 속도가 빠른 세상에서는 과거의 경험과 지식이 불과 몇 년 만에 구시대의 유산으로 전락하기도 한다. 이러한 상황에서 이전의 성공 경험에 의존해 지배형 리더십을 고집하면, 조직 전체에 부담이 될 수 있다. 현장과 동떨어진 과거의 방식에 근거해 독단적인 지시만 내린다면, 구성원들은 발언 의욕을 잃고 조직의 사기도 급격히 떨어질 수밖에 없다. 아무리 현장에서 뛰어난 실적을 거둔 리더라도 언젠가는 지배형 리더십을 내려놓아야 할 때가 온다. 따라서 지배형 리더십과 서번트 리더십은 우열의 문제가 아니라, 언제 어떻게 전환해야 하는가를 고민하는 타이밍의 문제다.

■ 과도기를 극복하는 방법

시스템은 흔히 사회의 과도기에서 취약함이 드러난다고 한다. 인생도 마찬가지다. 커리어 연구에 따르면, 인생에서 가장 큰 과도기는 30~40대의 인생의 여름에서 50~60대 인생의 가을로 넘어가는 시기다. 흔히 말하는 중년의 위기에 해당하는 시기이기도 하다.

이 시기에는 사회적 변화와 신체적 변화가 동시에 빠르게 찾아온다. 이때 과도기를 제대로 넘기지 못하면 슬럼프에 빠지거나 몸과 마음의 건강을 해치는 경우가 많다.

사회적 지위 측면에서 보면, 대부분 사람들은 40~50대에 여러 직책을 내려놓고 최전선에서 리더십을 발휘하던 자리에서도 한발 물러난다. 일부는 한층 높은 자리로 승진해 임원이 되기도 하지만, 결국 누구나 언젠가 최전선에서 물러나는 순간을 맞는다. 그리고 막상 그 시점이 오면 생각보다 훨씬 받아들이기 어렵다.

특히 30~40대에 높은 실적을 내고 조직 내에서 많은 칭찬을 받아온 사람일수록 더욱 큰 고민에 빠진다. 이유는 단순하다. 그들은 일종의 '칭찬 중독'과 '성과 중독'에 깊이 빠져 있기 때문이다. 앞서 설명한 지배형 리더십으로 수많은 성과를 거둔 이들일수록 그 이전에 받은 인정과 칭찬에 대한 의존이 강하다.

하지만 행복한 삶을 위해 가장 경계해야 할 것 중 하나가 중독이다. 중독에서 벗어나지 못하면 인생의 가을 이후에 다가올 새로운 국면에서 진정한 행복은 멀어진다. 그렇다면 우리는 이러한 과도기를 어떻게 넘어서야 할까.

■ 인생의 여름에 추구하던 가치를 내려놓는다

해결책을 논의하기 전에, 먼저 칭찬 중독과 성과 중독의 본질을 좀 더 깊이 살펴보자. 중독의 작동 방식을 보면 근본적인 문제가 드러난다.

알코올 중독자는 겉으로는 말 그대로 알코올에 중독된 것처럼 보이지만, 실제로는 알코올 자체보다 그것이 뇌에 미치는 작용, 즉 도파민 분비에 중독된 상태다. 칭찬이나 성과에 집착하는 사람도 마찬가지다. 이들이 진정으로 추구하는 것은 칭찬이나 성과 그 자체가 아니라, '성공한 사람'이라는 이미지, 그리고 그 이미지가 뇌에 주는 쾌감이다. 이러한 메커니즘은 도박, 코카인, 데이팅 앱 등 다른 중독 유발 요인과 다르지 않다.

중독 상태에 빠진 사람은 지배형 리더십을 통해 영향력을 행사하고, 목표를 달성해 칭찬, 권력, 돈 또는 쾌락을 얻는 행위에 몰입한다. 반복해서 성과를 얻을수록 자극은 둔해지고, 더욱 강한 자극을 원하게 된다. 중세 신학자 토마스 아퀴나스가 지적한 대로, 인간이 신 대신 추종하게 되는 네 가지 우상(부·권력·쾌락·명예)을 무의식적으로 좇는 모습과도 같다.

그러나 이런 방식으로는 결코 만족을 얻을 수 없다. 도파민이 주는 쾌감은 오래가지 않고, 뇌는 금세 새로운 자극을 요구한다. 그러다 보면 갈망은 점점 커지고 사람은 끝없이

'더 많이'를 외치며 지쳐간다. 말 그대로 끝없는 굴레다.

이렇게 욕망을 쫓는 사이에 삶의 밸런스 스코어카드는 무너진다. 인생에서 진정으로 소중한 것을 놓치다 결국 행복한 삶도 파괴된다. 마침내 일선에서 물러나는 시점이 찾아오면 그간 조직을 이끌며 뛰어난 성과를 내고 사회적 인정을 받아온 사람일수록, 자신의 능력이 쇠퇴하고 점차 주위 사람들의 기대가 사라지며, 끝내 존재 자체가 잊히는 현실을 받아들이기 힘들다. 칭찬 중독에 빠진 사람일수록 이러한 상황을 견디지 못하고 깊은 허무감에서 헤어 나오지 못한다. 심하면 알코올 중독, 폭력, 정신적 불안정으로 이어지기도 한다. 이렇게 되면 행복은커녕 모든 것이 무너질 수 있다.

2007년 UCLA와 프린스턴대학교 공동 연구팀이 1,000명 이상의 노인을 분석한 연구에 따르면, '나는 무언가에 기여하지 않는다'고 느끼는 노인은 그렇지 않은 노인보다 장애를 겪을 확률이 약 세 배, 사망 확률은 세 배 이상 높았다.

이 책의 앞부분에서도 살펴보았듯, 행복한 삶의 첫 번째 조건은 '무언가에 의미 있게 기여하고 있다는 느낌'이다. 자신이 왜 세상에 존재하는지 의미를 상실하는 일은, 행복한 삶을 살기 위해 반드시 마주하고 넘어야 하는 과제다.

그렇다면 인생의 가을 이후에는 어떻게 해야 행복을 유지할 수 있을까.

■ 나이가 들면서 빛나는 지성

이 질문에 답하기 위해, 인생의 가을 이후에 나타나는 또 하나의 변화인 신체 변화를 살펴보자.

이미 간단히 언급했지만 인간의 지적 능력은 보통 커리어 20년 차쯤에 정점을 찍고 서서히 하락세에 들어선다. 만일 25세에 사회생활을 시작했다면 45세 전후에 절정에 달하고, 이후에는 점차 저하되기 시작한다는 뜻이다. 융이 40대를 '인생의 정오'로 비유한 것도 같은 맥락이다. 전반적으로 지적 능력은 인생의 가을 무렵부터 조금씩 떨어진다. 하지만 나이가 들어도 전혀 둔해 보이지 않는 사람들도 분명히 있다. 주변을 둘러보면 상당한 고령임에도 여전히 날카로운 언어 감각을 유지하는 사람들도 있다. 어쩌면 당연한 일이다. 일반적으로 고령자는 젊은 세대보다 훨씬 다양한 어휘를 알고 있으므로, 이를 적절히 조합해 개념이나 상황을 정확히 표현하는 데 능숙하다. 복잡한 아이디어를 설명하는 데도 뛰어나서, 때로는 처음 아이디어를 제시한 사람보다도 더욱 명확하게 전달하기도 한다. 서로 다른 개념을 연결하고 응용하는 능력 역시 나이가 많은 사람일수록 탁월하다는 연구 결과도 있다.

물론 고령자는 혁신적인 아이디어를 떠올리거나 문제를 빠르게 논리적으로 해결하는 데는 다소 약할 수 있다. 그러나 이미 축적한 지식을 바탕으로 새롭게 생각을 연결하고, 복잡한 내용을 쉽게 풀어내는 능력은 오히려 나이가 들수록 향상된다.

결국 지적 능력 중 일부는 세월이 흐르면서 약해지지만, 나이를 먹으며 오히려 강해지는 능력도 있다는 점을 기억해야 한다.

■ 유동성 지능과 결정성 지능

심리학자 레이몬드 캐텔(Raymond Cattell)은 1971년, 인간 지능에 관한 연구 결과를 토대로 '유동성 지능(Fluid intelligenc)'과 '결정성 지능(Crystallized intelligence)'이라는 개념을 정리해 발표했다. 캐텔에 따르면 유동성 지능이란, 과거의 경험이나 학습에 의존하지 않고 논리적으로 사고하거나 패턴을 발견하는 능력을 뜻한다. 예를 들어 복잡한 퍼즐을 풀거나, 처음 겪는 문제를 해결하고, 빠른 판단이 요구되는 상황에서 논리적으로 대응하는 경우가 이에 해당한다. 새로운 아이디어나 혁신적인 제품을 만들어 내는 사람들은 대체로 유동성 지능이 높다고 한다.

캐텔은 유동성 지능은 보통 20세 전후가 되면 최고조에 이르며, 40대 이후부터는 급격히 감소한다고 보았다. 흥미롭게도 구글, 아마존, 메타, 애플, 마이크로소프트 등 글로벌 IT 대기업의 창업자 평균 창업 연령은 23세로, 이는 유동성 지능이 가장 활발한 시기와 정확히 겹친다. 단순한 우연이라고 보기는 어려운 부분이다.

반면 결정성 지능은 오랜 경험과 학습을 통해 축적한 지식과 기술을 바탕으로 문제를 해결하는 능력이다. 복잡한 개념을 쉽게 설명하거나, 혼란스러운 상황에서 적절한 판단을 내리고, 전문 분야에서 정교한 결정을 내릴 때 도움이 된다. 결정성 지능은 다양한 경험과 지식을 쌓아가면서 발달하는데, 보통 50~60대에 정점에 이르며 이후에도 높은 수준을 유지한다.

캐텔은 두 지능의 차이를 '유동성 지능이 맥락과 관계없이 추상적인 문제를 푸는 능력이라면, 결정성 지능은 삶을 살아가며 문화적 환경에 적응하고 배움을 통해 얻은 지혜에 가깝다'고 설명했다. 다시 말해 두 지능은 작동 방식과 지능의 '질' 자체가 다르다. 특히 두 지능은 인생의 서로 다른 시기에 각각의 곡선을 그리며 변화하는데, 이를 시각적으로 표현하면 그림 20-2와 같은 형태가 된다.

■ 서번트 리더십과 결정성 지능의 관계

앞서 살펴본 것처럼 나이가 들어서도 꾸준히 지적 성과를 내는 사람들은 인생 후반기에 결정성 지능을 발휘하는 경우가 많다. 심리학자 사이먼튼의 연구 역시 이를 뒷받침한다.

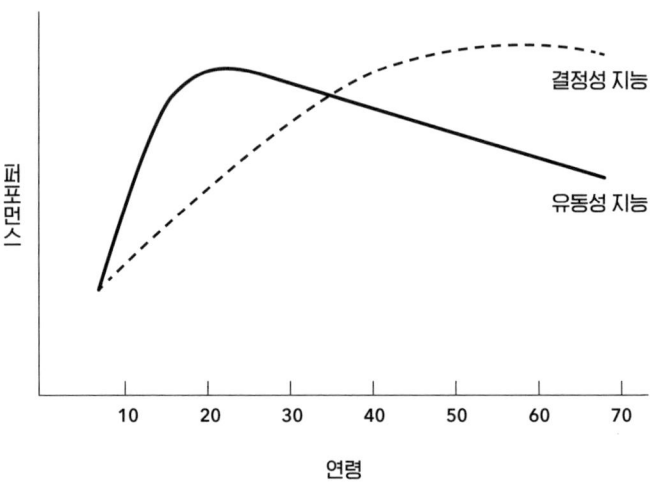

| 그림20-2 | 인생에 찾아오는 두 가지 지성의 파도

그는 지적 생산성의 '반감기'가 평균적으로 약 20년이라는 결론을 내리고, 다양한 직업을 분석해 '20년 반감기 모델'을 제시했다. 다만 실제 반감기 기간은 직업마다 크게 달랐으며, 어떤 분야는 그 기간이 매우 길었다.

그 대표적인 예가 역사 연구자다. 사이먼튼의 분석에 따르면 역사 연구자의 반감기는 평균을 크게 웃도는 39.7년이었다. 만약 어떤 이가 25세에 연구를 시작했다면 60대가 되어서야 지적 생산성이 절반 수준으로 떨어진다는 의미다. 역사 연구는 방대한 지식과 깊이 있는 통찰을 쌓고, 이를 삶의 경험과 통합하는 과정이 필요하기 때문에 결정성 지능에 크게 의존한다.

결정성 지능과 잘 맞는 또 다른 직업군으로는 상담가, 의사, 변호사, 컨설턴트와 같은 전문직과 교사처럼 타인을 돕는 역할이 있다. 이들도 역사 연구자처럼 폭넓은 지식과 통찰을 바탕으로, 삶에서 얻은 경험을 결합해 판단과 조언을 내려야 하므로 결정성 지능에 많은 영향을 받는다. 특히 연장자이자 '지원자' 역할을 하는 서번트 리더십은 결정성 지능이 정점에 이르는 50~60대, 즉 인생의 가을 시기와 자연스럽게 맞물린다.

■ 두 지성의 파도를 뛰어넘는다

사람은 20대 인생의 봄에 유동성 지능이 절정에 달하는 시기를 맞고, 50~60대 인생의 가을에는 결정성 지능이 최고조에 이르는 또 하나의 정점을 경험한다. 이렇게 우리는 삶의 흐름 속에서 지성의 두 가지 파도를 겪는다.

인생 전반기에 유동성 지능으로 성과를 내던 사람이라도 대부분 40대 후반에서 50대에 이르면 능력이 쇠퇴했음을 체감한다. 그러나 이것이 끝은 아니다. 유동성 지능이 서서히 자리에서 물러나는 바로 그 시기에, 새로운 지적 역량인 결정성 지능이 무대의 중심에 선다.

앞서 '리소스 기반 관점'에서 살펴본 것처럼, 적절한 전략은 결국 자신이 가진 자원과의 궁합에 달려 있다. 마찬가지로 유동성 지능이 중심이 되는 인생 전반기에서, 점차 결정성 지능이 힘을 얻는 인생 후반기로의 흐름에 맞춰 삶의 전략 역시 바뀌어야 한다.

물론 전환 과정은 쉽지 않다. 특히 인생의 여름 시기까지 유동성 지능을 기반으로 지배형 리더십을 발휘하며 성과를 거둔 사람일수록, 칭찬과 성과에 대한 중독에서 벗어나 리더십 스타일을 내려놓기가 쉽지 않다. 그 과정에서 일시적인 혼란이나 심리적 고통을 겪을 수도 있다. 그러나 이 전환점을 잘 넘기면, 더욱 깊이 있는 '인생 후반의 무대'가 열린다. 성과 중심의 지배형 리더십에서 벗어나, 축적된 지혜와 경험을 바탕으로 타인을 돕는 서번트 리더십으로 나아갈 수 있다. 이를 통해 인적 자본과 사회적 자본을 더욱 풍요롭게 만들고, 인생의 가을 이후에도 지속 가능한 행복한 삶을 이어갈 수 있다.

■ 진짜 즐거움은 지금부터

그린리프는 서번트 리더십이라는 개념을 처음 제안하고, 이를 전 세계에 널리 알렸다. 그는 당시 세계 최대 기업이었던 AT&T에서 관리직으로 근무하면서도, 독립 연구자로서 서번트 리더십 연구에 몰두하며 삶의 방식으로 실천했다.

그에게 AT&T에서의 출세는 그다지 매력적인 인생 목표가 아니었을 것이다. 50대, 즉 인생의 가을에 접어든 그린리프는 당시로서는 드물었던 조기 퇴직 제도를 활용해 회사를 떠났고, 이후 응용 윤리 연구센터라는 싱크탱크를 설립했다. 그리고 1990년 세상을 떠날 때까지 하버드를 비롯한 여러 대학에서 강의하고 책을 집필했으며, 독립적인 조직 및 인재 컨설턴트로 활동하며 서번트 리더십 전파에 힘을 쏟았다.

그에게 이 일이 얼마나 큰 동기부여가 되었는지는 어렵지 않게 짐작할 수 있다. 저서 《서번트 리더십》 서문에는 이 개념에 담긴 마음이 짧지만 인상 깊게 적혀 있다.

"나는 내 인생을 서번트 리더십이라는 가설에 걸어보고 싶다."

인생 후반에 진심으로 몰두할 수 있는 주제를 만나, 죽는 날까지 자신의 이론을 실천하며 많은 사람을 돕는 모습은 부럽기까지 하다. 그린리프의 서번트 리더십은 나를 포함해 인생의 가을을 살아가는 많은 사람에게 깊은 영감을 주었다. 내게 그는 단순히 영감을 준 인물이 아니라, 존재 자체로 용기와 희망을 주는 사람이기도 했다.

이 책에서는 다양한 경영학과 전략 개념을 소개하며 각자에게 맞는 방식으로 일하고, 경제적, 사회적으로 성공하는 길을 같이 고민했다. 그러나 아무리 어떤 이가 사회에서 크게 성공했더라도 언젠가는 일선에서 물러나 후배에게 자리를 내주고, 자신을 필요로 하는 일은 점차 줄어들며, 결국 무대 뒤편으로 사라진다.

이런 변화를 허무하게 받아들이며 의기소침해질 수도 있지만, 다른 사람을 도우며 그들의 성장과 성취에서 새로운 기쁨을 찾을 수도 있다. 어떤 선택을 했는가에 따라 인생 후반의 삶의 질은 크게 달라진다.

서번트 리더십은 '능력이 떨어진 뒤 조용히 조력자로 물러나자'는 소극적인 메시지가 아니다. 오히려 그 반대다. 타인을 지원하고 그들의 성공을 돕는 과정에서, 돈이나 명예로는 얻을 수 없었던 크나큰 기쁨을 발견할 수 있다는 뜻이다. 전설적인 가수 프랭크 시나트라의 묘비명에 새겨진 문구처럼, "진짜 즐거움은 지금부터(The best is yet to come)"라는 메시지를 전한다.

마치며

자본주의 사회의
해커들에게

◆

모든 혁명적인 열정을 다해 당신을 껴안는다

_에르네스토 체 게바라

 이 책도 이제 마지막 장에 다다랐다. 끝으로 독자 여러분께 전하고 싶은 말이 있다.
 경영 전략론을 배울 때는 대체로 두 가지 태도 중 하나를 선택하게 된다. 하나는 지금의 세상을 있는 그대로 받아들이며 손익을 계산해 처신하고, 지위나 연봉을 높이기 위해 경영학을 활용하는 태도다. 이 경우에도 경영학은 충분히 유용하다. 다른 하나는 세상을 비판적으로 바라보고, 능동적으로 움직이며 영향력을 넓혀 조직 안에서 활약하는 동시에 사회의 변화를 추구하는 태도다. 이 역시 얼마든지 충분히 가능한 방식이다.

어떤 길을 택할지는 전적으로 각자의 선택이다. 다만 가능하다면, 이 책에서 다룬 지식을 후자의 방식으로 활용하길 바란다.

프레드릭 테일러(Frederick Winslow Taylor, 산업혁명 이후 노동 효율성을 높이기 위한 작업 분석의 창시자-역주)와 엘턴 메이요(George Elton Mayo, 작업 환경보다 사회적 요인과 인간관계가 생산성에 더 큰 영향을 준다고 밝힌 조직 심리학자-역주)의 연구가 현대 경영학의 기초를 세운 지 어느덧 100년이 지났다. 그동안 경영학은 경제학, 심리학, 사회학, 통계학 등 다양한 학문에서 지혜를 받아들이며 눈부시게 발전했다. 이렇게 발전하기까지는 막대한 사회적 자원이 투입됐다. 그러나 이렇게 축적된 지식이 소수 계층에 집중되어 그들의 특권을 유지하는 데 쓰였다는 점은 부정하기 어렵다. 무척 안타까운 일이다. 이 책에서 여러 차례 강조했듯, 경영 전략론을 비롯한 경영학의 개념과 프레임워크는 개인이 인생을 설계하고 방향을 잡는 데도 중요한 교훈을 줄 수 있다. 그렇기에 지금껏 경영학과 인연이 없던 이들에게도 이 책의 지식이 널리 전해지길 바란다.

제2차 세계대전 중, 연합군은 나치에 맞서 싸우는 레지스탕스를 지원하기 위해 '리버레이터(Liberator)'라는 일회용 단발 권총을 백만 정 이상 제작해 점령지 상공에서 살포했다. 내가

하고 싶은 일도 그런 일과 비슷하다.

나는 2020년 저서 《비즈니스의 미래》를 통해, 자본주의를 무조건 부정하기보다는 시스템을 적극적으로 활용해 사회를 변화시키자는 의미에서 '자본주의 시스템의 해커'라는 개념을 제안한 바 있다. 과거에는 마치 디스토피아 같은 현실이라도 있는 그대로 그저 받아들이고, 세상은 원래 그렇다며 체념하는 분위기가 대부분이었다. 그러나 오늘날 우리가 과거보다 조금이라도 더 나은 세상에 살고 있다면, 그것은 '이건 잘못됐다'고 외치며 직접 비즈니스를 일으키고 변화를 이끈 사람들이 있었기 때문일지도 모른다. 그들 대부분은 역사에 이름을 남기지 않았다. 그러나 우리가 지금 과거보다는 조금 더 나은 세상에서 살고 있다면, 바로 그런 이름 없는 자본주의 해커들 덕분이다.

이제 우리는 그 바통을 이어받았다. 언젠가는 다음 세대에게 바통을 넘겨주어야 한다. 그리고 지금 마지막 장을 읽고 있는 여러분이야말로 주인공이라는 사실을 기억해 주었으면 좋겠다. 자본주의 사회의 해커라는 자부심을 품고, 새로운 세상을 만드는 일에 기꺼이 함께하길 바란다.

부록

경영학 독학을 위한 책 리스트

*국내 출간 도서는 국내 도서명으로 기재,
국내 미출간 도서는 원서명으로 기재

1. 목표 설정

《모모》 미하엘 엔데 지음

이 책은 일에 필요한 자본과 삶을 풍요롭게 하는 자본의 관계를 다시 돌아보게 한다. '지금 당신은 가장 소중한 일에 시간자본을 쓰고 있는가?'라는 질문을 조용하게 던진다. 어른이 꼭 읽어야 할 한 편의 걸작 동화다.

《연금술사》 파울로 코엘료 지음

인생의 목적은 방 안에 틀어박혀 머리로만 고민한다고 해서 저절로 얻을 수 없다. 이 책은 먼저 움직여 보면서, 인생이라는 여정을 직접 시작하는 것이 얼마나 중요한지를 일깨운다. 이야기 곳곳에는 삶의 방향을 비춰주는 보석 같은 문장들이 숨어 있다.

《다크호스: 성공의 표준 공식을 깨는 비범한 승자들의 원칙》
토드 로즈 외 지음

획일적인 성공 경로에서 벗어나 각자가 자신만의 독창적인 커리어를 추구할 때, 오히려 예상하지 못한 성공을 거둘 수 있다는 사실을 보여준다. 이른바 '다크호스'와 같은 삶의 방식이 가능하다는 점을 일깨우는 책이다. 경쟁 전략론의 차별화 관점에서 읽으면 한층 흥미롭다.

《DRIVE 드라이브》 다니엘 핑크 지음

기존의 '모티베이션 1.0(생리적 욕구)'과 '모티베이션 2.0(보상과 처벌에 의한 외적 동기)'은 더 이상 현대인의 동기를 자극하는 데 효과적이지 않다고 지적하며, 그 대안으로 '모티베이션 3.0'을 제안한다. 저자는 자율성, 숙련도, 목적이라는 세 가지 내적 요인이야말로 진정한 동기를 이끈다고 말한다. 자신의 동기 구조를 돌아보는 데 유익한 통찰이 담긴 책이다.

《하버드 인생학 특강》 클레이튼 크리스텐슨 외 지음

크리스텐슨이 하버드 졸업생을 대상으로 매년 진행한 전설적인 강의를 바탕으로 탄생한 책이다. 이노베이션 이론의 대가인 그가 자신의 이론을 개인의 행복과 성공이라는 주제에 적용해 해설한다. 이 책은 이후 소개된 여러 가지 사고 방식의 토대가 되기도 했다.

《오리지널스: 어떻게 순응하지 않는 사람들이 세상을 움직이는가》
애덤 그랜트 지음

위험을 최소화하면서도 새로운 아이디어를 실험하려면 무엇이 필요할까. 이 책은 독창적인 발상으로 자신만의 길을 개척한 사람들에게 공통으로 나타나는 사고 방식과 행동 양식을 소개한다.

2. 장기 계획

《서번트 리더십 원전》 로버트 K. 그린리프 지음

리더십의 본질을 '봉사'에 두고, 이끄는 사람이 아닌 지원하는 사람으로 관점을 전환할 것을 제안한다. 특히 앞으로 점점 길어질 '인생의 가을' 이후, 조직이나 사회와 어떤 관계를 맺고 살아갈 것인가에 대한 깊은 통찰을 담았다.

《에센셜리즘 Essentialism》 그렉 맥커운 지음

진정으로 중요한 일에 시간이라는 자본을 집중하는 것이 왜 중요한지를 일깨워 준다. 긴급하지만 정작 중요하지 않은 일들에 전략 자원을 조금씩 흘어 쓰는 어리석은 실수를 피하려는 이들에게 유용한 책이다.

《인생의 가장 결정적 시기에서》 멕 제이 지음

인생의 의사결정은 평생 이어지지만, 그중에서도 20대의 선택이 특히 중요한 이유를 설명한다. 나이가 어릴수록 의사결정이 인생에 미치는 순현재가치(NPV)가 더욱 크기 때문이다. 이 책은 20대의 결정이 인생 전체에 장기적이고 결정적인 영향을 준다는 점을 강조한다.

《100세 인생》 린다 그래튼 지음

수명 연장 시대에는 기존의 '교육 – 일 – 은퇴'라는 세 단계 인생 모델이 더 이상 유효하지 않다는 점을 짚는다. 변화에 맞춰 유연하게 다시 배우고, 다양한 일의 형태를 받아들이며, 새로운 인간관계를 열어가는 일이 얼마나 중요한지를 강조한다. 인생 전략을 장기적으로 설계할 때 많은 시사점을 주는 책이다.

《Transitions: Making Sense of Life's Changes》
William Bridges 외 지음

사람이 과도기에 흔히 무너지는 이유는 새로운 시작을 하지 못해서가 아니라, 제대로 끝맺지 못하기 때문이라고 지적한다. 브리지스는 이 점을 중심으로, 인생에서 피할 수 없이 찾아오는 과도기를 어떻게 준비하고 잘 넘길 수 있을지에 대한 다양한 통찰을 전한다.

《굿럭》 존 크럼볼츠 외 지음

인생에는 운이 작용하지만, 운은 스스로 기회를 받아들이고 움직일 때 비로소 끌어당길 수 있다는 점을 강조한다.

《인생의 오후를 즐기는 최소한의 지혜》 아서 브룩스 지음

성공과 명성을 내려놓고 행복한 삶을 추구하는 쪽으로 삶의 목적과 방향을 바꾸는 방식을 제안한다. 노화에 따른 변화를 자연스럽게 받아들이는 데 도움이 되는 통찰이 담겨 있다.

3. 직업 선택

《제프리 무어의 캐즘 마케팅》 제프리 무어 지음

'캐즘'이라는 개념을 처음으로 제시한 책이다. 자신의 위치나

투자 방향을 고민할 때, 시장의 흐름을 이해하고 전략을 세우는 데 유용한 통찰을 얻을 수 있다.

《내 생애 커리어 앵커를 찾아서》 에드가 샤인 지음

개인이 커리어를 선택할 때 기준이 되는 근본적인 가치관, 즉 '양보할 수 없는 것'을 배의 닻(앵커)에 비유해 여덟 가지 유형으로 분류한다. 자신에게 가장 중요한 앵커가 무엇인지 이해하면, 장기적으로 커리어의 만족도가 높아진다고 제안한다.

《패러독스 마인드셋》 웬디 스미스 외 지음

단기와 장기, 이익과 윤리, 안정과 변화처럼 서로 충돌하는 가치나 목표가 공존하는 상황에서 어느 한쪽을 배제하지 않고 양쪽을 함께 받아들이며 통합하는 방식을 제안한다. 이를 통해 지속적인 성공과 혁신을 추구하는 책이다.

《일의 미래》 린다 그래튼 지음

기술 발전, 세계화, 장수 사회의 도래로 급격히 변화하는 일의 미래를 다룬다. 기존의 직업관이나 일하는 방식이 더 이상 유효하지 않은 시대에, 개인과 조직이 어떻게 하면 유연하고 지속 가능한 방식으로 일할지 방향을 제시한다.

《프리 에이전트의 시대》 다니엘 핑크 지음

'한 조직에 소속되어 일하는 것' 외에도 삶에는 다양한 가능성이 있음을 제시하는 책이다. 초판은 오래전에 출간되었지만, 코로나 이후 핑크가 지적한 흐름은 오히려 더 빠르게 확산하고 있다. '일하는 방식'에 대한 고정관념을 깨고 새로운 이미지를 떠올리는 데 도움이 된다.

《Strategy Beyond the Hockey Stick》 Chris Bradley 외 지음

21세기 들어 크게 성장한 기업들의 대부분은 스스로 위치를 옮기며 성장을 이뤘고, 같은 자리에 머무른 채 경쟁에서 이긴 사례는 드물다는 사실을 밝혀낸다. 이 책은 포지셔닝의 중요성과 함께 좋은 포지셔닝은 영원하지 않다는 점을 실제 데이터를 통해 설득력 있게 보여준다.

《CSV経営戦略-本業での高収益と、社会の課題を同時に解決する》
名和高司著 지음

포터가 제안한 CSV(공유가치 창출) 경영 전략을 구체적인 기업 사례와 함께 알기 쉽게 설명한다. 사회적 가치와 경제적 성과를 동시에 달성하기 위해 실천할 수 있는 다양한 힌트를 담았다.

4. 선택과 의사결정

《Thinking Strategically: The Competitive Edge in Business, Politics, and Everyday Life》 Avinash K. Dixit 외 지음

불확실성이 큰 상황에서 한 번의 의사결정에 모든 것을 거는 대신, 미래의 변화에 따라 보류, 확대, 축소, 철수 등의 선택지를 열어두는 '리얼 옵션' 사고 방식을 설명한다.

《기업가치평가:맥킨지 밸류에이션 7판》 McKinsey & Company 외 지음

기업 가치를 평가하는 체계적인 접근 방식을 해설한 책으로, 순현재가치(NPV), 경제적 부가가치(EVA) 등의 기본적인 평가 기법을 상세하게 설명한다. 기업 가치 향상을 위한 전략 뿐만 아니라 인생 전략을 설계할 때도 유용한 시사점을 제공한다.

《Real Options: A Practitioner's Guide》 Thomas E. Copeland 외 지음

경쟁이나 협상 상황에서 상대의 행동과 의도를 읽고 최적의 전략을 찾아내는 사고방식을 소개한다. 비즈니스, 정치, 일상생활 등 다양한 상황에 적용할 수 있는 전략 이론과 실천 방법을 알기 쉽게 설명하며, 복잡한 상황에서도 합리적이고 효과적인 선택을 돕는 유용한 지식을 제공한다.

《어댑트 ADAPT》 팀 하포드 지음

복잡하고 불확실한 현대의 문제를 해결하려면, 치밀한 계획보다 시행착오를 통한 학습이 더 중요하다고 강조한다. 성공을 위해서는 작은 실패를 반복하고, 그 과정에서 끊임없이 배우며 방향을 조정하는 적응력이 핵심이라는 점을 주장한다.

《기브 앤 테이크》 애덤 그랜트 지음

사람을 크게 '주는 사람', '받는 사람', '거래하는 사람'의 세 유형으로 나누고, 장기적으로 가장 크게 성공하는 유형은 바로 '주는 사람'이라는 사실을 보여준다.

《생각에 관한 생각》 대니얼 카너먼 지음

인간의 의사결정 과정을 '시스템 1'과 '시스템 2'라는 두 가지 사고 체계로 나누어 설명한다. 일상에서 사람들이 직관이나 편향에 어떻게 영향을 받아 비합리적인 결정을 내리는지 구체적으로 보여준다.

《선택의 심리학》 쉬나 아이엔가 지음

인간이 무언가 선택하는 과정이 행동과 행복에 어떠한 영향을 미치는지를 탐구한다. 특히 선택지가 지나치게 많을 때 오히려 피로와 불안을 느낀다는 '선택의 역설'은 생각할 거리를 던져준다.

《이펙추에이션》 사라스 사라스바티 지음

경영학자 사라스바시가 성공한 창업가들의 사고 방식과 행동을 조사한 결과, 경영대학원에서 가르치는 이론과는 전혀 달랐다는 사실을 밝힌 책이다. 그녀가 정리한 '창업가의 사고와 행동 패턴'을 간결하게 소개한다.

5. 학습과 성장

《마음의 작동법》 에드워드 데시 외 지음

사람의 성장과 동기에는 외적 보상뿐 아니라 내적 동기가 핵심적인 역할을 한다고 강조한다. 진정한 성장을 이끌어내려면 자율성과 자기결정의 감각이 반드시 필요하며, 스스로를 동기화하는 데 도움이 되는 여러 가지 힌트를 제공한다.

《권력의 기술》 제프리 페퍼 지음

직장이나 조직 내에서 권력을 얻고 유지하기 위한 실질적인 방법론을 제시하는 책이다. 직장에서의 성공은 단순한 실력이나 노력만으로 결정되지 않으며, 권력과 영향력을 어떻게 쌓고 활용하느냐에 크게 좌우된다고 주장한다. 권력을 구축하기 위한 심리학적 접근, 효과적인 인간관계 형성, 갈등에 대응하는 전략 등 실제로 유용한 조언이 풍부하게 담겨 있다.

《에브리원 컬처》 로버트 케건 외 지음
조직 내에서 구성원이 자신의 약점이나 실패를 솔직하게 공유할 수 있는 환경은 신뢰와 학습을 촉진하며, 결국 조직의 강점으로 이어진다고 강조한다. 불확실한 상황에서도 불완전함을 견디는 힘이야말로 약점을 강점으로 바꾸는 핵심 역량임을 보여준다.

《The Evolution of Everything》 Matt Redley 지음
자연은 누군가에 의해 설계되거나 계획된 것이 아니라, 수많은 시행착오를 거치며 진화했다. 사회, 문화, 경제 역시 마찬가지다. 위에서 지시하는 일방적인 계획보다는, 개별적인 작은 변화들이 축적되어 큰 혁신을 만들어 내는 '바텀업(Bottom-up) 진화 프로세스'야말로 창의성과 지속 가능성을 이끌어낸다. 이러한 사고 방식은 인생 전략에도 그대로 적용할 수 있다.

《How You Learn Is How You Live: Using Nine Ways of Learning to Transform Your Life》 Kay Peterson 외 지음
개인이 학습 과정에서 경험을 어떻게 활용하고, 그렇게 배운

내용을 어떻게 더욱 깊이 있게 소화하는지를 설명하는 책이다. 학습을 '경험', '반성', '개념화', '실험'의 네 단계로 나눈 '경험학습 모델'을 제안하며, 자기 학습과 성장을 돌아보는 데 중요한 통찰을 제공한다.

《몰입의 즐거움》 미하이 칙센트미하이 지음

가장 뛰어난 성과를 낸 사람들은 종종 일을 가장 즐겁게 했던 이들이기도 하다. 그들은 자신이 진정으로 관심 있는 일을 선택해 몰입한다. 내면에서 솟아나는 충동과 흥미를 따라 일을 선택하는 것이야말로 성공의 열쇠임을 강조한다.

《High Flyers: Developing the Next Generation of Leaders》
Morgan W. McCall Jr. 지음

리더 육성에서 '경험'의 중요성을 강조하는 책이다. 성공하려면 단순한 훈련보다는 도전적인 프로젝트나 실패를 통해 얻는 깊이 있는 경험이 더욱 중요하다고 말한다. 모든 일이 순조롭게만 흘러가는 상태야말로 오히려 리더십 성장에 있어 가장 위험한 상황이라고 지적한다.

《베스트 플레이어》 매슈 사이드 지음

일본 사회는 타고난 천재를 떠받드는 분위기가 강하지만, 이 책은 한 가지 일을 좋아해서 오랫동안 몰두하는 사람이 결국 가장 높은 경지에 이른다고 주장한다. 재능이 없다고 주저하지 말고 진심으로 좋아하고 몰입할 수 있는 일을 찾는 것이야말로 인생의 경영 전략에서 중요하다는 깨달음을 얻는다.

《자기통찰》 타샤 유리크 지음

자신을 깊이 이해할수록 더욱 큰 성공과 성장을 이룰 수 있다는 내용을 담고 있다. 자기 인식은 '내적 자기 인식'과 '외적 자기 인식'으로 나뉘며, 타인의 피드백을 활용해 두 가지 인식을 함께 갖추는 것이 효과적이라고 설명한다. 자신을 더욱 잘 알기 위한 구체적인 방법들을 다양하게 소개하는 책이다.

6. 기타

《마인드셋》 캐롤 드웩 지음

능력이나 지성은 타고나는 것이라는 믿음을 '고정 마인드셋', 노력과 도전을 통해 향상될 수 있다는 믿음을 '성장 마인드셋'으로 구분하고, 성장 마인드셋을 가진 사람이 다양한 분야에서 더 높은 성과를 내고 있다는 연구 결과를 소개한다. 이 책은 특히 '일단 많이 시도하라'는 태도의 중요성을 뒷받침하는 근거로도 볼 수 있다.

《니코마코스 윤리학》 아리스토텔레스 지음

인간의 행복(에우다이모니아)을 추구하기 위한 윤리적 지침을 제시하는 고전이다. 진정한 행복은 쾌락이나 부가 아니라, '탁월한 행위(덕)'를 실천하는 삶에서 비롯된다고 본다. 특히 '중용(메소테스)'의 개념을 핵심에 두어, 지나침이나 모자람을 피하고 상황에 맞는 최선의 행동을 선택하는 것이 덕을 이루는 길이라고 강조한다.

《안티프래질 Antifragile》 나심 니콜라스 탈레브 지음

변동, 혼란, 외부 압력에 의해 성과가 무너지는 상태를 '프래질(Fragile)', 반대로 그런 요인들로 인해 오히려 성과가 향상되는 상태를 '안티프래질(Antifragile)'이라고 정의했다. 저자는 경제나 인생에도 이러한 특성을 적용함으로써 더욱 강인하고 유연한 시스템과 개인을 만들 수 있다고 주장한다.

《EQ 감성지능》 대니엘 골먼 지음

자신과 타인의 감정을 이해하고 적절히 대응하는 능력이 일과 인간관계의 성공에 직결된다는 점을 설명하는 책이다. EQ는 자기 인식, 자기 관리, 사회적 인식, 대인관계 관리의 네 가지 요소로 구성되며, 최근 들어 IQ보다 더욱 중요한 역량으로 주목을 받는다. 저자는 리더십과 조직 운영에서도 EQ

가 핵심이며, 감정을 잘 다스리는 능력이 행복하고 충실한 삶을 만드는 데 중요한 역할을 한다고 강조한다.

《제로 투 원》 피터 틸 외 지음
'제로'에서 진정한 혁신을 이루기 위해서는 경쟁이 아니라 고유한 가치를 창출하는 데 집중해야 한다고 주장한다. 새로운 시장을 만들고, 경쟁 없는 비즈니스를 구축하기 위한 방법론은 인생 전략을 설계하는 데도 많은 시사점을 준다.

《전략 사파리》 헨리 민츠버그 외 지음
경영 전략론을 열 가지 이론으로 나누어 소개하고 각 이론별 핵심 개념과 실천 방법을 체계적이면서도 간결하게 설명한 책이다. 전략에 대한 다양한 접근과 실제 적용 사례를 폭넓게 살펴볼 수 있어, 전략 수립의 깊이를 이해하고 실제 비즈니스 환경에 맞춰 유연하게 전략을 선택하고 적용하는 데 도움이 된다.

《마이클 포터의 경쟁우위》 마이클 포터 지음
포지셔닝 이론의 바이블로 불리는 책으로, 기업이 시장에서 경쟁 우위를 확보하기 위한 전략을 체계적으로 설명한 경영 전략의 고전이다. 경쟁 우위를 창출하는 방법으로 원가 리더십, 차별화, 집중 전략이라는 세 가지 기본 전략을 제안하며, 업계 구조를 분석하는 '5F 모델'을 통해 경쟁 우위의 출발점을 이해할 수 있다고 강조한다.

《전략경영과 경쟁우위》 제이 버니 외 지음

리소스 기반 관점(RBV) 이론의 바이블이다. 기업이 지속적인 경쟁 우위를 확보하기 위해 어떤 자원을 보유하고 활용해야 하는지를 중심으로 RBV 이론을 상세히 설명한다. 경쟁 우위를 유지하려면 자원이 '가치', '희소성', '모방 곤란성', '활용 가능성'의 네 가지 조건을 충족해야 한다고 주장하며, 이 개념은 개인의 삶에도 적용할 수 있는 통찰을 제공한다.

《블루오션 시프트》 김위찬 외 지음

기업이 경쟁이 치열한 레드오션을 벗어나 경쟁이 거의 없는 새로운 시장인 블루오션을 창출함으로써 지속적인 성장을 이룰 수 있다고 제안한다. 경쟁자와의 싸움에 매몰되기보다, 고객에게 새로운 가치를 제공하는 혁신적인 상품이나 서비스를 만들어 내고 새로운 시장 공간을 개척하는 것이 중요하다고 강조한다.

《마케팅 관리론》 필립 코틀러 외 지음

마케팅 이론의 기본부터 응용까지 체계적으로 설명한 책이다. 시장조사, 세분화, 타겟팅, 포지셔닝 같은 핵심 개념은 물론, 제품, 가격, 판촉, 유통의 4P 전략까지 폭넓게 다룬다. 책에서 제시하는 모든 내용은 개인의 삶에도 적용할 수 있어, 마케팅 사고방식을 일상에 응용하는 데 유용하다.

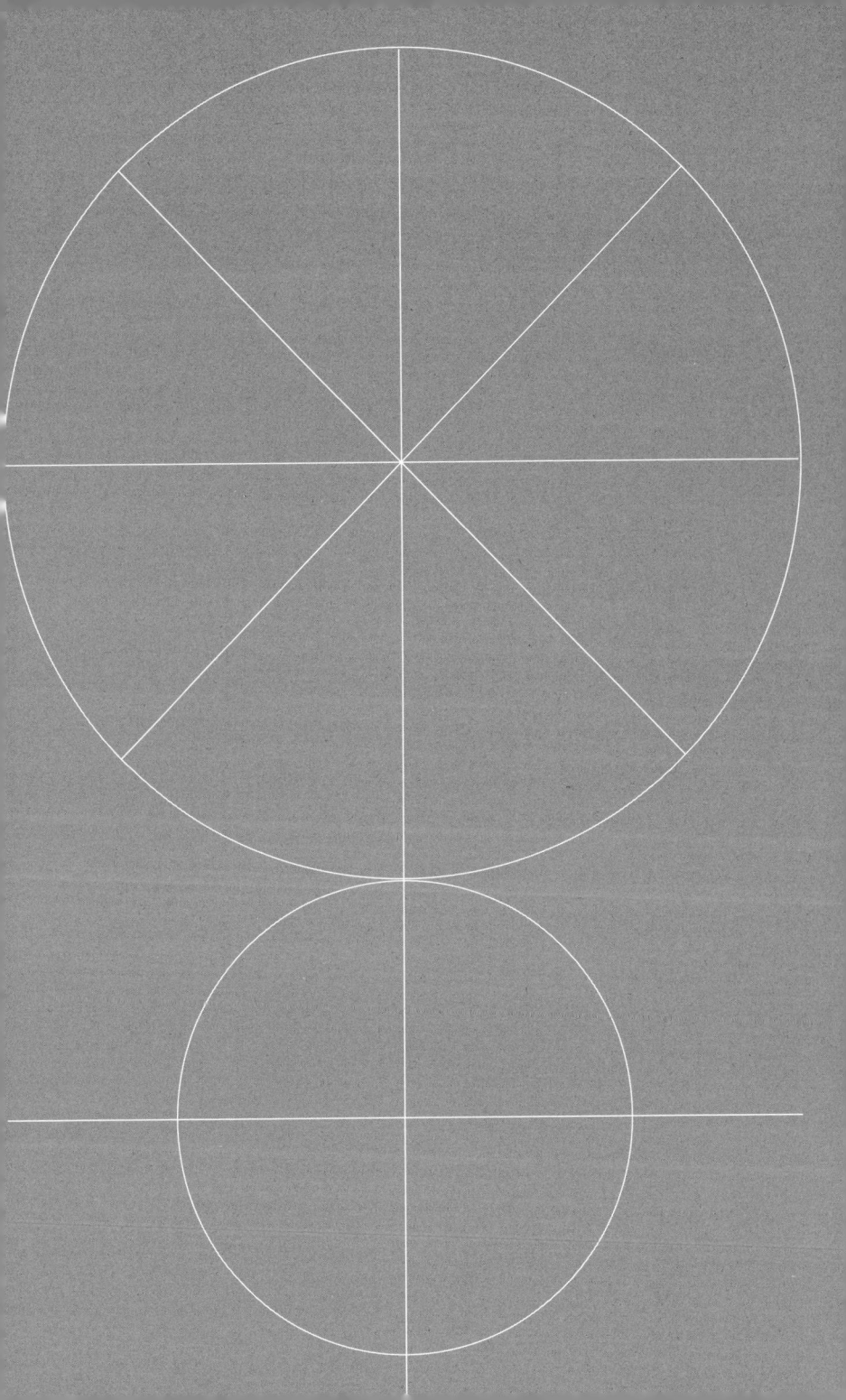

옮긴이 박세미

서강대학교에서 경영학을 전공하고 IT업계에서 투자 업무를 담당했다. 독자에게 쉽고 친절하게 다가가는 번역을 하고 싶은 꿈을 이루고자 글밥 아카데미 수료 후 바른번역 소속 번역가로 활동 중이다. 역서로는 《유니클로》, 《한 권으로 끝내는 재무제표 읽기》, 《챗GPT, 이렇게 써먹으면 됩니다》 등이 있다.

나는 어떤 인생을 살고 싶은가

초판 1쇄 발행 2025년 11월 12일
초판 2쇄 발행 2025년 12월 16일

지은이 야마구치 슈
옮긴이 박세미
펴낸이 최순영

출판1 본부장 한수미
와이즈 팀장 장보라
편집 김혜영
디자인 정명희

펴낸곳 ㈜위즈덤하우스　**출판등록** 2000년 5월 23일 제13-1071호
주소 서울특별시 마포구 양화로 19 합정오피스빌딩 17층
전화 02) 2179-5600　**홈페이지** www.wisdomhouse.co.kr

ISBN 979-11-7171-541-1　03320

- 이 책의 전부 또는 일부 내용을 재사용하려면 반드시 사전에 저작권자와 ㈜위즈덤하우스의 동의를 받아야 합니다.
- 인쇄·제작 및 유통상의 파본 도서는 구입하신 서점에서 바꿔드립니다.
- 책값은 뒤표지에 있습니다.